한 그루의 분재가 되어

한 그루의 분재가 되어

지은이 | 채수용
펴낸이 | 원성삼
책임편집 | 김지혜
본문 및 표지디자인 | 김경석
펴낸곳 | 예영커뮤니케이션
초판 1쇄 발행 | 2017년 12월 18일
등록일 | 1992년 3월 1일 제2-1349호
주소 | 04018 서울시 마포구 동교로 55 2층(망원동, 남양빌딩)
전화 | (02) 766-8931
팩스 | (02) 766-8934
홈페이지 | www.jeyoung.com
ISBN 978-89-8350-979-6 (03230)

값 13,000원

이 도서의 국립중앙도서관 출판예정도서목록(CIP)은 서지정보유통지원시스템 홈페이지
(http://seoji.nl.go.kr)와 국가자료공동목록시스템(http://www.nl.go.kr/kolis-
net)에서 이용하실 수 있습니다.(CIP제어번호: CIP2017032746)

 모든 인간은 하나님의 형상을 닮은 존귀한 존재입니다. 사람은 인종, 민족, 피
부색, 문화, 언어에 관계없이 모두 다 존귀합니다. 예영커뮤니케이션은 이러한
정신에 근거해 모든 인간이 존귀한 삶을 사는 데 필요한 지식과 문화를 예수 그리스도의
사랑으로 보급함으로써 우리가 속한 사회에 기여하고자 합니다.

한 그루의 분재가 되어

채수용 지음

CONTENTS

주님이 만들어 가시는 한 그루의 분재가 도어

분재를 만들어 가시는 하나님

나는 주님 안에서 내 자신이 큰 능력의 종이 될 것으로 굳게 믿었었다. 나는 중학교 때에는 한 학년 720명 중에서 거의 1등을 도맡아 했다. 신학대학원도 입학성적우수 장학생으로 3년 동안 전액 장학금을 받으면서 다녔다. 졸업 후에는 수만 명이 모이는 교회에서 전임 전도사로 훈련을 받았으며, 수천 명이 모이는 교회에서 10년 동안 부목사로 훈련도 받았다. 그리고 나름대로 규모가 있는 교회에서 위임목사로 부름도 받았다.

그러나 하나님께서는 나를 자연에서 마음껏 뻗어 나가는 큰 나무로 그냥 놔두시지를 않으셨다. 뽑으시고, 꺾으시고, 비트시고, 자르시면서 작은 분재(盆栽)로 만들어 가셨다.

그것은 내가 원했던 모습이 아니었다. 그래서 나는 좌절과 고통과 방황의 시간들을 보내기도 했다. 그런케 나이가 60이 다 되어서야 하나님이 왜 나를 이렇게 만들어 가셨는지를 깨닫게 되었다. 그것은 하나님이 나를 주님의 종답게 겸손하고 순수하게 만들어 가시기 위함이었다. 하나님은 나를 한 그루의 분재의 모습으로 만들어 곁에 두고 보시기를 원하셨던 것이다. 이러한 하나님의 섭리를 깨닫게 된 다음부터는 나의 삶의 자리와 모습에 지족하며 살아갈 수 있게 되었다. 나름대로의 소명과 사명을 깨닫고 지족하면서 감사하며 살아갈 수 있게 된 것이다(고전 15:10; 딤전 6:6).

하나님께서 나를 이렇게 한 그루의 분재의 모습으로 만들어 가시지 않았더라면 세상 무서운 줄도 모르고 살았을 것이다. 내 잘난 맛에 호가호위하면서 교만의 극치를 달려갔을 것이다. 그리고 그것이 주님을 위한 큰 종의 모습인 것 같이 착각하면서 살았을 것이다(눅 22:24). 주님은 이러한 모습에 대하여 마태복음 7장 21–23절에서 준엄한 말씀으로 경고하셨다.

나더러 주여 주여 하는 자마다 다 천국에 들어갈 것이 아니요 다만 하늘에 계신 내 아버지의 뜻대로 행하는 자라야 들어가리라. 그 날에 많은 사람이 나더러 이르되 주여 주여 우리가 주의 이름으로 선지자 노릇 하며 주의 이름으로 귀신을 쫓아내며 주의 이름으로 많은 권능을 행하지 아니했나이까 하리니, 그때에 내가 그들에게 밝히 말하되 내가 너희를 도무지 알지 못하니 불법을 행하는 자들아 내게서 떠나가라 하리라.

분재신학(Bunjae[Bonsai] Theology)의 하나님

하나님은 대 자연 속에 있는 나무들도 키우시며 사랑하신다. 동시에 그 하나님은 한 그루의 나무를 택하시고 뽑으시고 비트시고 자르시면서 작은 분재로도 만들어 가신다. 그리고 그것을 옆에 두고 보시기를 좋아하신다. 이렇게 하나님은 만물을 원하시는 대로 만들어 가시는 분이시다. 사도 바울은 이러한 하나님에 대하여 다음과 같이 고백을 했다.

우리가 알거니와 하나님을 사랑하는 자 곧 그의 뜻대로 부르심을 입은 자들에게는 모든 것이 합력하여 선을 이루느니라. 하나님이 미리 아신 자들을 또한 그 아들의 형상을 본받게 하기 위하여 미리 정하셨으니 이는 그로 많은 형제 중에서 맏아들이 되게 하려 하심이니라. 또 미리 정하신 그들을 또한 부르시고 부르신 그들을 또한 의롭다 하시고 의롭다 하신 그들을 또한 영화롭게 하셨느니 라.　　　　　　　　　롬 8:28-30

이 복음을 위하여 그의 능력이 역사하시는 대로 내게 주신 하나님의 은혜의 선물을 따라 내가 일꾼이 되었노라. 모든 성도 중에 지극히 작은 자보다 더 작은 나에게 이 은혜를 주신 것은 측량할 수 없는 그리스도의 풍성함을 이방인에게 전하게 하시고, 영원부터 만물을 창조하신 하나님 속에 감추어졌던 비밀의 경륜이 어떠한 것을 드러내게 하려 하심이라. 이는 이제 교회로 말미암아 하늘에 있는 통치자들과 권세들에게 하나님의 각종 지혜를 알게 하려 하심이니, 곧 영원부터 우리 주 그리스도 예수 안에서 예정하신 뜻대로 하신 것이라.

엡 3:7-11

나는 이러한 하나님의 부르심과 일꾼으로 만들어 가시는 섭리와 역사하심을 '분재신학'이라고 표현을 했다. 마치 원예사가 한 그루의 나무를 택하여 분재로 만들어 가는 것과 같은 모습을 하나님에게서 발견하게 된 것이다. 이러한 하나님의 만들어 가심을 총칭하여 분재신학이라고 명명한 것이다.

이러한 분재신학의 하나님 안에서 삶과 신앙과 교회와 목회에 대하여 깊이 생각하게 되었다. 그리고 이러한 분재신학의 하나님 안에서 나는 성도들이 나와 같이 갈등하고 고민하고 좌절하고 고통스러워하지 않도록 도와주고 싶은 마음이 간절하게 되었다. 조금만 더 옆에서 영감을 주고 도와줄 수만 있다면 성도들과 주님의 종들이 더욱 바르고 복된 삶을 살아갈 수 있게 될 것이라고 확신했기 때문이다.

나는 처음부터 분재신학의 하나님에 대하여 글을 쓴 것은 아니다. 처음에는 분재신학의 하나님에 대하여는 전혀 생각지도 못했다. 처음에 쓰고자 했던 글의 주제는 '신앙인이라면 이것만은 알아야' 또는 '신앙생활의 진수'였다.

이러한 주제의 제목으로 글을 쓰고자 했던 데에는 그만한 연유가 있다. 전에 섬기던 교회에서의 일이다. 장로들과의 갈등 속에서 심각한 물리적인 충돌을 겪고 있었다. 이러한 갈등과 충돌의 절정의 자리에서 나는 자의반 타의반 사임을 선언했다. 양측의 물리적인 충돌과 갈등은 사임 선언으로 한 순간에 끝나고 말았다. 그런데 그 다음에 일어난 일을 목격하고 심각한 충격과 혼란에 빠지게 되었다. 장로들과 주변 사람들이 담임목사 집무실에서 교회 로비로 나가 "예수 이름으로 예수 이름으로 승리를 얻었네."라는 복음송을 부르고 감사 기도를 드린 다음에 흩어지는 것이었다.

"어떻게 이 순간에 감사 찬송을 부르고 감사 기도를 하나님께 드릴 수가 있단 말인가? 이것이 한국 교회 교인들의 신앙생활의 현주소란 말인가?"

나는 오랫동안 그때 목격한 충격과 혼란 속에서 벗어나지를 못했다. 그래서 '신앙인이라면 이것만은 알아야' 또는 '신앙생활의 진수'

라는 주제로 글을 쓰기 시작했던 것이다. 그러면서 신앙생활은 하나님을 기쁘시게 하고, 하나님의 마음에 들고, 하나님께 복 받을 만한 모습으로 해야 한다는 확신을 가지게 되었다. 이것을 성경은 분명하게 말씀하고 있다.

> 온유한 자는 복이 있나니 그들이 땅을 기업으로 받을 것임이요.   마 5:5

> 누구든지 하나님을 사랑하노라 하고 그 형제를 미워하면 이는 거짓말하는 자니 보는 바 그 형제를 사랑하지 아니하는 자는 보지 못하는 바 하나님을 사랑할 수 없느니라. 우리가 이 계명을 주께 받았나니 하나님을 사랑하는 자는 또한 그 형제를 사랑할지니라.   요일 4:20-21

한 그루의 분재가 되어

나는 이렇게 안타깝고 간절한 마음을 가지고 글을 써 나가다가, 어느 한 순간에 모든 것이 하나님의 섭리이고 역사하심이라는 성령님의 감동에 사로잡히게 되었다. 그러면서 내 자신의 삶과 신앙과 교회생활과 목회가 다 하나님의 손길과 섭리 속에서 이루어지는 '한 그루의 분재'와 같다는 깨달음을 가지게 되었다. 그래서 글의 주제를 "한 그루의 분재가 되어"로 바꾸게 된 것이다.

『한 그루의 분재가 되어』를 통하여 성도들과 주님의 종들은 삶과 신앙과 교회와 목회의 현장에서 생각이 달라지고 새로운 영적인 깨달음을 가지게 될 것이다. 그리고 훨씬 더 성숙하고 훌륭하고 복되게 하나님의 나라와 주님의 몸 된 교회와 세상을 섬기면서 행복하게 살아가게 될 것이다. 이 한 권의 책을 통하여 더욱 겸손하고 복되고 행복하게 살아가는 성도와 주님의 종이 될 수 있기를 기도한다.

2017년 정유년 봄을 기다리면서

채수용

제1장

한 그루의 분재가 되어

모든 세상과 인생은 하나님이 만들어 가시는
한 그루의 분재와도 같은 것이다.

○
말은 제주도로
사람은 서울로

6학년에서 5학년으로

나의 아버지는 일제 강점기 때, 할머니의 손에 이끌려 어린 나이에 만주로 건너가 신학문을 접하고 독립운동을 하신 분이시다. 어린 나이에 해외로 나가 신학문을 접하고 조국의 독립을 위해 투쟁하시고 헌신하셨던 아버지는 생각이 앞서가신 분이셨다. 생전에 아버지는 자녀들에게 "앞으로는 기술을 가지고 사는 사람들이 대우를 받는 세상이 올 것이다."라고 자주 말씀하셨다.

5남매 중 막내로 태어난 나는 아버지와 54살 차이가 났다. 40세의 젊은 나이에 고인이 되신 큰형과는 20년, 둘째형과는 17년, 셋째형과는 12년, 누나와는 6년 차이가 난다. 아버지는 늦둥이인 나를 손자 대하듯 하셨다. 그러면서도 아버지는 마치 스스로에게 다짐하시듯이 "말이 태어나면 제주도로 보내고, 사람은 서울로 보내야 한다."는 말씀을 자주하셨다.

그러다가 내가 초등학교 6학년 때에 드디어 나를 시골에서 서울로 전학을 시키셨다. 서울로 전학을 하는 과정이 순조롭지만은 않았다. 당시 법에 의하면 6학년 때에는 전학이 안 된다는 것이었다. 그러면서 담당자가 할 수 있는 방법을 가르쳐 주었는데, 한 학년을 낮추면 전학이 가능하다는 것이었다. 그래서 고심 끝에 한 학년을 낮추어 5학년으로 전학을 하게 된 것이다.

그런데 이제는 거처할 곳이 문제였다. 다행히도 서울에는 큰형이 결혼하여 목동 안양천변 쪽방에서 살고 있었다. 제대로 생활터전을 잡지 못한 상황이었지만, 아버지의 청을 받들어 나를 식솔로 받아들여 주셨다. 그래서 나는 단칸방에서 큰형 부부와 함께 생활하면서 서울 생활을 시작하게 되었다.

별천지 같은 서울

서울에서 경험한 두 가지는 지금까지도 생생하게 잊혀지지가 않는다. 하나는 번쩍번쩍 빛나는 영등포역 앞 길거리의 네온사인이다. 시골에서 올라온 나는 밤거리의 네온사인을 볼 때마다 신기하고 놀라웠다. 또 하나는 어린 나이에도 문화적인 충격을 겪었다. 가끔 친구들과의 의사소통이 혼란스러웠다. 시골에서는 아이스 바나 붕어빵을 먹을 때 서로 한 입씩 번갈아 먹곤 했다. 그런데 서울 친구들은 혼자 먹는 것이 당연하고 자연스러웠다. 처음에는 서운하기도 하고 무안하기도 했다. 그런데 나중에는 그런 행동들이 편하게 느껴졌다. 어느 정도 세월이 지난 다음에는 시골에 내려와 옛날 친구들을 만나기라도 하면 오히려 무질서하고 불편하게 느껴졌다. 그래서 그런지 목회나 인간관계에 있어서도 나는 시골의 감성적인 분위기보다는 서울깍쟁이 같이 끊고 맺는 것이 분명한 의지적인 분위기가 편안하게 느껴진다. 혹시나 이러한 성향이 내가 성도들을 대할 때에도 냉정하고 사무적으로 보이지는 않을까 조심스러워진다.

자부심과 자존감

어린 나이에 문화적인 충격을 이겨 낸다는 것이 그리 쉽지만은 않았다. 그래도 나는 한 학년을 낮추어서 공부를 했기에 전교에서 1등을 도맡아 했다. 시골에서도 공부를 제법 잘 한다는 소리를 들었는데, 서울에서도 공부만큼은 기죽지 않고 주위 사람들과 친구들에게 부러움의 대상이 되었다. 이렇게 서울로 전학 온 시골뜨기가 공부를 잘 한다는 것이 나에게는 자부심과 자존감을 세워 나가는 유일한 무기가 되었다.

아브라함을 부르시고(창 12:1), 본토 친척 아비 집을 떠나 약속의 땅으로 인도하신 하나님의 섭리와 손길이 나에게도 함께 하신 것이

다. 시골에서 그럭저럭 적당히 살다가 사라지는 존재가 아니라 서울
이라는 미지의 곳으로 하나님께서 은밀하게 나를 옮겨 분갈이를 하
셨고, 주님의 종으로 세우시기 위하여 하나하나 계획을 실행하신 것
이다.

무허가 루핑 집에서도
꿈을 꾸다

무허가 루핑 집에서

아버지는 나를 경기중학교에 보내려고 서울로 전학을 보내셨다. 그런데 내가 중학교에 입학할 때부터 입학제도가 추첨제로 바뀌었다. 그래서 나는 시험도 보지 못하고 성서중학교(지금은 공항중학교)에 입학을 하게 되었다. 입학과 동시에 시골에 계시던 아버지는 나의 뒷바라지를 위해 서울로 올라오셨다. 그러나 평생 독립운동만 하셨던 아버지는 모아 놓은 재산이 별로 없었다. 그래서 아버지와 중학교 1학년인 나는 누나와 함께 오목교 옆 목동 안양천변에서 무허가 루핑 집을 짓고 살게 되었다.

루핑 집은 시멘트 벽돌로 벽을 쌓고 나무로 지붕을 대충 만들었다. 그 위에 두꺼운 아스팔트를 칠한 시트 모양의 긴 지붕 재료인 루핑을 덮고 바람에 날아가지 않도록 동아줄로 묶어 놓으면 되었다. 그 당시에는 이런 루핑 집들이 안양천변 뚝 길 아래에 즐비했었다. 나는 아무것도 모르는 철부지로 이런 루핑 집에서 살면서 중학교를 다녔다. 화장실도 뚝길에 재래식으로 만들어 놓고 여러 가정이 공동으로 사용했다. 식수는 펌프 물을 공동으로 사용했다.

그런데 가끔 학교에서 집으로 돌아와 보면 루핑 집이 무너져 있었다. 철거반원들이 다녀간 흔적이었다. 루핑 집이 얼마나 허술했던지 발로 차면 벽돌이 힘없이 무너져 내렸다. 그들이 돌아간 다음에는 다시금 벽돌을 쌓고, 판자로 지붕을 다 층 만들고 다시 루핑을 씌우면 집이 되었다. 난방은 연탄을 사용했다. 방바닥에 호스를 깔고 새마을 보일러로 따뜻한 물을 돌리면 난방이 되었다. 바람이 불지 않고 기압이 낮을 때에는 연탄가스가 방 안으로 들어와 가스 중독을 경험한 적도 있었다. 한겨울에는 웃풍이 너무도 심해 방 안에 있는 대접에 담긴 물이 꽁꽁 얼어 버렸다. 방 안에서드 숨을 쉴 때마다 하얀 입김이 담배 연기같이 뿌옇게 나오곤 했다.

꿈을 향하여

아버지는 매일 새벽 나를 5시면 꺼워서 책상 앞에 앉혔다. 그리고 밤 11시가 되면 어김없이 잠자리에 들게 하셨다. 아버지는 시험을 보고 성적표가 나오면 틀린 숫자만큼 회초리로 종아리를 때리셨다. 그래서 나는 전체 720명 가운데서 1등을 했을 때도 틀린 숫자만큼 종아리를 맞아야만 했다. 아버지는 그렇게 나를 혹독하게 양육하셨다. 그 덕에 나는 무허가 루핑 철거민 촌에 살면서도 친구들에게 만큼은 당당할 수가 있었다. 그것은 공부만큼은 친구들이 부러워했기 때문이다. 지금도 주님의 종으로서 부족한 점이 많이 있지만 그래도 당당할 수 있는 것은 어렸을 때부터 가진 이러한 자존감 때문인 것 같다.

광야와 같은 삶

곁에서 나를 강하게 양육하셨던 아버지는 내가 중학교 1학년 때인 늦가을에 뇌출혈로 쓰러지셨다. 경제적인 여유가 전혀 없었기에 아버지는 병원에 다니시거나 전문적인 치료 한번 받아보지 못하시고 집에만 누워 계시다가 결국에는 시골집으로 내려가셨다. 그리고 나는 아버지가 기대하셨던 경기고등학교에 낙방을 하고 후기인 경동고등학교에 입학을 하게 되었다. 아버지는 내가 고등학교에 입학을 하고 며칠 만에 돌아가셨다. 이후로 나는 고아와 같은 신세로 그야말로 동가식서가숙하며 물질적 가난과 정서적 외로움을 견디면서 살아야만 했다. 또한 어렸을 때부터 제대로 된 음식을 먹지 못하고 자라서인지 체력이 아주 약했다. 그래서 고등학교 때에는 책상에 앉기만 하면 공부보다는 졸음과 싸워야만 했다.

고등학교 2학년 때에는 집에 먹을 것이 없어서 3일 동안 물만 마시며 보내기도 했다. 그 당시에는 지금의 목동 아파트 단지가 있는 곳에 중국 화교들이 정착해 살고 있었다. 논밭에 무나 배추, 당근 등을 재배했고 소가죽(수구레)으로 아교도 만들어 길가에 널어놓기도 했다. 먹을 것이 없을 때마다 누나는 화교들이 농작물을 거두다가 남은 밭에 나아가 무 뿌리나 시래기, 감자 등을 주워 오기도 했다. 어떤 때는 아교를 만들 때 사용하는 소가죽이나 막걸리를 거르고 남은 술밥 찌꺼기를 얻어다가 끓여 먹기도 했다. 술밥 찌꺼기를 배부르게 먹으면 술을 마신 것 같이 취기가 올라올 때도 있었다. 누나는 생활고를 해결하기 위해 처녀의 몸으로 삽을 들고 정부에서 주관하는 공공근로 새마을 사업장에 나아가 돈을 벌어 오기도 했다.

고등학교 2학년 어느 무더운 여름날이었다. 학교에서 수업을 마치고 집으로 돌아가야 하는데 호주머니를 뒤져 보니 시내버스를 탈 회수권이 없었다. 친구에게 버스표를 빌리기가 자존심이 상해 학교가 위치한 보문동에서부터 집이 있는 국동 오목교 근처까지 25km 정도를 걸어서 갔다. 그 무더운 여름날 교복과 모자와 가방을 들고 걷기도 하고 뛰기도 했다. 버스 정류장을 지나칠 때에는 땀을 뻘뻘 흘리며 뛰어가는 내 모습을 사람들이 보는 것 같아서 창피한 생각에 걷는 척 했고, 정류장과 정류장 사이에서는 사람들의 눈을 피해 무조건 뛰기도 했다.

자존감과 정신력으로

나는 지금까지 이러한 자존감과 정신력으로 살아왔다. 목사 안수를 받고 1년 만에 후두염과 성대결절로 고생을 하면서도 쉴 형편이 못되어 쉬지를 못했다. 그런가 하면 섬기던 교회를 사임을 하고 퇴직금 1,050만 원을 가지고 교회를 개척하면서도 그 누구에게도 어느 교회에도 도움을 구하지 않았다. 아무리 힘들고 어려워도 비굴하지 않고 당당하게 자존감을 가지고 살려고 했다.

하나님은 이렇게 나를 원하시는 모습으로 만들어 가시고자 파란만장한 삶을 경험하게 하신 것 같다. 오늘도 나는 다음과 같은 사도 바울이 했던 고백을 하면서 살아가고 있다.

내가 궁핍하므로 말하는 것이 아니니라. 어떠한 형편에든지 나는 자족하기를 배웠노니, 나는 비천에 처할 줄도 알고 풍부에 처할 줄도 알아 모든 일 곧 배부름과 배고픔과 풍부와 궁핍에도 처할 줄 아는 일체의 비결을 배웠노라. 내게 능력 주시는 자 안에서 내가 모든 것을 할 수 있느니라.

빌 4:11-13

인생무상과
회심

라면 한 개의 효도

어머니는 내가 초등학교 3학년 때 뇌출혈이 재발되어 4년 동안 병석에 누워 계시며 힘겨운 투병생활을 하셨지만 경제적 형편 때문에 병원 입원은 생각지도 못했고 제대로 진단이나 치료도 받지 못하시다가 끝내 내가 6학년이었던 겨울방학 때 돌아가셨다. 그래서 어렸을 때부터 늘 어머니의 사랑을 그리워하면서 자랐다. 중고등학교 시절에도 어버이날이 돌아오면 친구들이 빨간 카네이션을 사들고 집으로 가는 모습을 보면서 슬픔과 외로움에 혼자서 눈물을 흘린 때가 많이 있었다.

나는 국수나 라면을 즐겨 먹지 않는다. 젊었을 때에도 식사대용으로 국수나 라면을 먹으면 바로 몸살기가 올 정도로 몸이 허약했다. 초등학교 5학년 때의 일로 기억이 된다. 라면이 시중에 유통된지 얼마 되지 않아 아주 비싸고 귀할 때였다. 나는 오랫동안 동전을 모은 것으로 겨우 라면 한 개를 살 수 있었다. 그것을 가지고 학교에서 집을 향해 10리 길을 단숨에 달려갔다. 그것을 끓여서 누워 계시는 어머니를 일으켜 드시게 했다. 어머니 생전에 내가 효도라고 한 것은 겨우 라면 한 그릇 끓여 드린 기억밖에 없다는 것이 너무도 마음이 아프다.

하나님의 부르심

고등학교 1학년이 되자마자 아버지마저 돌아가셨다. 그 후에 나는 학교와 가까운 장위동에서 잠시 누나와 함께 자취를 하게 되었다. 남매가 소꿉장난을 하듯 간단한 살림도구만 갖추고 살았다. 한창 사춘기의 나이에 나는 인생이 무엇인지 깊은 회의감에 빠지게 되었다. 부모도 안 계시는 가난과 외로움 속에서 "과연 인생이 무엇인가?" 하면서 마치 철학자나 된 것 같이 인생무상에 방황했다.

어느 따뜻한 봄날, 그날은 일요일이었다. 나는 누나와 함께 작은 쪽방에 누워 있었다. 그런데 어디선가 교회 종소리가 은혜롭게 들려왔다. 그 당시에는 교회마다 예배 시간에 맞춰서 종을 치던 시절이었다. 그전에도 많이 들었던 종소리였다. 그런데 그날따라 그 종소리가 내 마음을 강하게 파고들었다. 인생무상의 외로움과 고독 속에서 방황하고 있는 나에게 그날의 종소리는 하나님의 부르심이었다.

그런데 소심하고 내성적인 성격이 문제였다. 성경책을 들고 내 발로 교회에 나간다는 것이 어색하고 다른 사람들의 눈길이 의식되었다. 그래서 교복 주머니 속에 들어갈 정도의 작은 성경책을 구입하여 사람들의 눈에 보이지 않도록 했다. 그리고 일요일에 교회를 찾아 나섰다. 그런데 교회 정문 안으로 바로 들어가지를 못했다. 사람들이 나만 바라보는 것 같아서였다. 나는 몇 주일을 그렇게 교회 정문을 바라보고 멀리서 들어가지도 못하고 서성거리다가 집으로 돌아오곤 했다. 그러던 어느 날, 고등학교 같은 반 친구가 자기가 출석하는 교회 주변에서 서성거리고 있는 나를 발견하게 되었다. 그는 나의 손을 붙잡아 끌고 교회 안으로 들어갔다. 나는 마지못해 끌려가는 척했고, 그때부터 본격적으로 신앙생활을 시작하게 되었다.

체험적인 신앙생활

하나님은 나를 교회로 이끄시고 하나님을 믿게 하시기 위하여 일찍이 부모님을 데려가신 것 같다. 하나님 외에는 내가 의지할 것이 없도록 만드신 것이다. 그렇지 않았더라면 나는 교회를 찾지도 않았을 것이고 하나님을 믿으려고 하지도 않았을 것이다. 솔직히 내가 주님을 영접하기 전에는 교회에 다니는 친구들이 잘 이해가 되지를 않았다. 특히 학업에 뒤쳐진 친구들을 볼 때는 더욱 그랬다. 공부도 못하면서 교회에 나가 기도하는 모습이 무책임하고 미신적으로 보였다. 나는 그때 그러한 친구들을 볼 때마다 "그 시간에 공부를 해야지. 교회 나가서 기도한다고 성적이 오르나!" 하는 생각이 들었다.

그러나 부모님이 돌아가시고, 외로움과 고독 속에서 나는 하나님을 찾게 되었고 교회에 나가게 되었다. 그리고 "공부가 전부는 아니구나!" 하는 생각이 들었다. 이것은 나를 향하신 하나님의 부르심이요 계획하심이었다. 하나님은 부족한 나를 조금씩 은혜의 자리로 인도하신 것이다. 이렇게 신앙생활은 체험적인 것이다. 이론적으로 설명되는 것이 아니다. 하나님은 환경과 인생을 통하여 섭리하시고 역사하신다. 하나님은 한 사람을 부르시고 택하시기 위하여 환경을 사용하시기도 하시고 사람을 사용하시기도 하신다.

하나님을 잘 믿어야 하는 이유

하나님은 어떤 때에는 우리와 가까운 주변 사람들을 먼저 데려가심으로 우리로 하여금 하나님을 믿고 의지하게 만들기도 하신다. 큰형은 40세에 간암으로 돌아가셨다. 결혼을 했지만 시간이 지나도 자녀가 들어서지 않았다. 부모가 살던 집을 팔고 터가 좋은 곳으로 새 집을 지어 옮기면 후손이 생긴다는 풍수지리설에 따라 이사도 했다. 어머니는 어린 나를 등에 업고 새로 지은 집으로 이사를 하시면서 연신 뒤를 돌아보시며 눈물을 흘리셨다. 형은 결혼하기 전에는 열심히 교회에 다니며 신앙생활을 했다. 그런데 불교 집안의 형수를 만나고 나서부터는 서서히 교회에 나가는 것을 멀리하게 되었다. 자녀도 없는 외로움과 답답함 속에서 매일 술로 마음을 달래면서 살다가 결국에는 간암으로 돌아가셨다. 돌아가실 때에야 비로소 주님을 다시 영접하고, "목사님을 모시고 예배를 드려 달라."고 했다.

몇 년 후에는 형수의 하나밖에 없는 여동생마저 갑자기 세상을 떠나고 말았다. 여동생은 혼자 살고 있는 언니와 함께 살면서 구멍가게 일을 도와주었다. 그러면서 피아노를 잘 쳤기에 반주자가 마땅치 않은 교회에 나가서 봉사를 하고 있었다. 그런데 갑자기 세상을 떠난 것이다. 동생은 "언니, 꼭 교회에 나가!"라는 마지막 유언을 남겼다. 형수는 제 정신이 아닌 상태에서 교회에 나가기 시작했다. 그리고 지금은 권사로 시무하다가 은퇴했다. 형수는 가끔 이렇게 넋두리를 하곤 한다. "내가 결혼해서부터 교회에 다니고 예수님을 믿었더라면 모두가 다 잘 되었을 텐데!"

주변 사람들에게 피해를 주지 않기 위해서라도 열심히 하나님을 믿고 하나님 안에서 살아가는 것이 중요하다. 이것이 복의 근원이 되는 삶이다. 나 한 사람이 하나님을 잘 믿음으로 말미암아 주변 사람들에게 하나님의 은혜와 사랑과 평강이 주어지기 때문이다. 그러기에 평안할 때, 별 일이 없을 때, 하나님을 잘 믿고 하나님 안에서 살아가는 것이 중요하다. 매를 맞고 하나님께로 돌아오고 하나님 안에서 살아가는 것은 그만큼 자신과 주변 사람들이 감당해야 할 상처와 아픔이 크기 때문이다. 성경은 이러한 상처와 아픔을 사람의 매와 인생의 채찍으로 말씀하고 있다.

> 나는 그에게 아버지가 되고 그는 너게 아들이 되리니 그가 만일 죄를 범하면 내가 사람의 매와 인생의 채찍으로 징계하려니와.　　삼하 7:14

주님께 영광 돌리는 삶을 살라
하나님이 나를 변화시키시기 위하여 내 주변에 있는 가족이나 주변 사람들을 힘들게 하셨거나 한 알의 밀알과 같이 희생하게 하시지는 않았는지 생각해 보고, 날마다 자신을 돌아보며 경건의 삶에 힘쓰도록 하라.

의리 하나로
주님의 종의 길을 결단하다

주님의 종이 되고자 한 이유

내가 주님의 종이 되기로 결심한 것은 하나님과의 약속을 지키기 위함이었다. 나는 군대생활을 서부전선 포병대대 대대장실(C.P.) 당번으로 대기병 때부터 제대할 때까지 32개월 동안을 두 분의 대대장을 모셨다. 처음에 모셨던 대대장은 신앙심이 깊은 감리교 권사(장로교의 집사)였다. 내가 제대 말년이 되었을 때에 부대에서 총기 사고가 발생했다. 군 생활에 불만을 품은 사병이 총기 노리쇠를 감추어 버린 것이다. 총기 노리쇠는 총기 중에서 가장 중요한 부품으로 반드시 찾아내야만 했다. 만약 노리쇠로 인하여 불상사가 생기기라도 하면 대대장이 불명예제대를 해야만 했다.

대대장은 이 문제를 놓고 새벽마다 대대 안에 있는 예배당에 올라가서 하나님께 기도를 드렸다. 나는 대대장을 모시고 있는 당번으로서 대대장과 운명을 같이 해야 한다는 충성심과 의리 때문에 함께 예배당에 올라가서 뒷자리에 앉아서 기도를 드렸다. 군 관계 모든 수사요원들이 동원되어 병사들을 조사했다. 거짓말 탐지기까지 동원되었다. 나는 "하나님께서 이 문제를 해결해 주신다면 나의 인생을 하나님께 드리겠습니다."라고 서원기도를 드렸다. 그런데 그 기도를 드린지 일주일 만에 노리쇠를 찾게 되었다. 그리고 모든 군 수사요원들은 사건을 없었던 일로 처리하기로 하고 돌아갔다. 기적과도 같은 일이 일어난 것이다.

하나님과의 약속을 지키기 위하여

그러나 나에게는 이제부터가 문제였다. 하나님과의 약속을 어떻게 지켜야 할지가 고민이 되었다. 제대를 하면 있을 곳도 마땅치가 않았다. 다닐 직장도 없었다. 이러한 내가 신학을 공부하여 주님의 종이 된다는 것은 불가능한 일로 생각이 되었다. 그래서 낮에는 일하고 밤에는 공부하기로 계획을 세우고 제대를 했다.

나는 하나님나라를 위하여 무엇인가 원대한 비전을 가지고 신학을 공부하고 주님의 종이 되려고 한 것이 아니었다. 단지 내가 모시고 있던 대대장의 사랑과 은혜에 보답하고자 하는 의리와 충성심에서 주님의 종이 되기로 서원을 한 것이다. 그리고 그 약속을 지키기 위하여 신학을 공부하고 주님의 종이 된 것이다. 지금 생각해 보면 아쉬운 생각도 든다. "무엇인가 분명한 목적을 가지고 신학을 공부하고 주님의 종이 되었더라면 더욱 귀하게 하나님께 쓰임 받지는 않았을까?" 하는 생각이 들기 때문이다. 그러나 '총기사고를 계기로 대대장과 부대원의 안전을 위해 하나님의 도우심을 구하고 내 인생을 하나님께 드리기로 서원을 하고 주님의 종이 되었다.'는 뿌듯한 자부심도 가지고 있다. 내가 하나님의 도우심과 살아 계심을 확신하고 눈에 보이는 대대장과의 의리를 귀하게 생각하고 결단한 길이기 때문이다.

친구와 함께

군대생활은 입대동기 세 명과 함께 한 부대에서 복무를 했다. 나는 대대장 집무실 공간에 있는 부속실에서 당번병으로 열외생활을 했다. 동기들은 중대본부 내무반에서 단체생활을 했다. 어느 날 밤에 나는 내무반으로 놀러 갔다. 그런데 한 친구가 내무반 한쪽 구석에서 외롭고 처량하게 누워 있었다. 온몸에 피부병 '옴'이 생겨서 격리되어 있었던 것이다. 그날 밤, 나는 그 친구를 끌어안고 함께 자면서 위로해 주었다. 며칠 후부터 나의 피부에도 이상이 생기기 시작했다. 온몸이 가렵고, 손으로 긁으면 물집이 생기고 딱지가 앉기 시작했다. 옴이 전염성이 강한 무서운 피부병이라는 사실을 그때서야 알았다. 나는 대대장을 모셔야 하는 당번병이었기에 몸 관리도 청결해야만 했다. 만약에 옴에 걸린 것이 알려지면 그 즉시 격리되거나 보직을 잃어버릴 수도 있었다. 나는 믿음을 가지고 매일 새벽에 교회에 나가 기도하면서 한 달 정도 고생을 하다가 기적적으로 나았다. 그 친구는 결국 병가를 얻어 한 달 정도 치료를 받고 완치되어 부대로 돌아왔다. 그때도 의리 하나만으로 행한 우매한 행동이었다. 이러한 끈끈한 관계로 군대 친구들은 내가 신학교에 다닐 때에도 변함없이 자주 찾아와 맛있는 음식도 사 주면서 영양보충에 신경을 써 주고 격려하며 힘을 북돋아 주었다.

성도와 함께

개척 교회 담임전도사 시절의 일이다. 이장님 댁 잠실 별채를 개조하여 교회로 사용하고 있었다. 이장님은 보증으로 인해 빚더미 위에 앉게 되었고, 그 일로 인해 생활이 어려운 상황이었다. 마음 편할 날이 없었고 영양이 부실해 폐병 증세가 나타났다. 그때 나는 이장님과 한 방에서 자고 겸상으로 식사도 했다. 젊은 전도사를 지극정성으로 대접하는 부부 집사님이셨다. 나는 특별히 신건지라고도 하는 동치미를 좋아했다. 이것을 알고 계시는 부인 집사님은 늘 나를 위하여 동치미를 한 양푼 준비하여 밥상 중앙에 올려놓았다. 나는 마음속으로 '따로따로 그릇에 담아 주면 안되나!" 하는 안타까운 생각을 했다. 25살의 철부지 담임전도사였던 나는 동치미를 좋아한다는 것을 알고 있는 부인 집사님에게 결례가 되지 않도록 싫은 내색을 하지 않고 맛있게 먹는 시늉을 했다. 이렇게 어려운 생활고 속에서도 주님의 종을 섬기려고 했던 집사님 가정은 어느덧 빚도 다 갚고, 자녀들도 성공하여 집안이 화목하고 번창하다는 소식을 들었다.

동역자와 함께

38년 동안 목회를 하신 담임목사가 원로목사로 추대되고 나는 아직 부임을 하지 않은 상황이었다. 장로들은 "새 술은 새 부대에 부어야 한다."는 교회를 사랑하는 마음으로 28년 동안이나 원로목사와 함께 했던 여전도사를 사임시키는 것으로 내부적으로 결의를 해 놓고 후임 목사를 기다리고 있었다. 나는 "28살에 미혼으로 부임하여 56세가 되기까지 결혼도 하지 않고 28년 동안이나 갖은 고난과 역경을 성도들과 함께 나누면서, 성전도 건축하고, 교회도 부흥시키고, 담임목사님도 명예롭게 원로로 은퇴할 수 있도록 헌신적으로 섬겨오신 전도사님에게 이렇게 할 수는 없습니다."라고 하면서 그들의 의견을 바로 수용하지를 않았다. 그 결과 많은 어려움을 겪게 되었다.

이것도 의리를 생명같이 생각하는 나의 유전인자 때문인 것 같다. 지금도 그때와 똑같은 상황이 주어진다면 같은 판단을 하고 같은 결과의 길을 걸어가게 될 것이다.

주님과 함께

만왕의 왕이신 주님과의 의리와 결단은 사람들과의 의리와 결단과는 비교할 수 없다. 오늘도 나는 만왕의 왕이신 주님과의 의리와 결단을 소중하게 생각하면서 변치 않는 마음과 믿음으로 주님의 종의 길을 걸어가고 있다.

> 사람이 친구를 위하여 자기 목숨을 버리면 이보다 더 큰 사랑이 없나니,
>
> 너희는 내가 명하는 대로 행하면 곧 나의 친구라.　　　　　요 15:13-14

주님께 영광 돌리는 삶을 살라
일시적이고 현세적인 일들 때문에 주님을 배신하고 교회와 성도들을 실족하게 하는 일들은 없었는지 생각해 보라. 그리고 주님과의 의리와 정절을 지키기 위하여 내가 변함없이 해야 할 일들은 무엇인지 기록해 보고 실천해 보라.

주님의 종이
되어 가는 과정

머리 둘 곳 없는 삶

고등학교 2학년 때, 다시 목동 안양천변 아래 동네에서 살았다. 그런데 고등학교 3학년인 10월에 함께 생활했던 누나가 결혼을 하게 되었다. 그래서 할 수 없이 학교가 가까운 보문동에서 하숙을 하게 되었다. 전문적으로 하숙생을 두고 살아가는 혼자 사는 아주머니 댁이었다. 아들은 없고 딸만 셋이었다. 하숙생 6명이 함께 생활을 했다. 독방은 가격이 비싼 관계로 나는 다른 하숙생과 함께 방을 사용했다. 항상 서로에게 폐가 되지 않도록 조심하면서 생활을 해야만 했다. 하숙집 아주머니는 나를 아들같이 끔찍이 대해 주셨다. 그 당시에는 계란 프라이가 귀한 영양식이었다. 항상 나의 도시락 밥그릇에는 그 비싸고 귀한 프라이가 덮여 있었다. 졸업을 하면서 하숙집을 나오게 되었지만 지금까지 나를 보면 "아들 왔어?" 하시면서 세뱃돈도 챙겨 주시곤 하셨다. 지금은 연로하셔서 요양원에 계신다.

고등학교 졸업과 동시에 하숙집을 나와야 했고, 그와 동시에 거처할 곳이 마땅치 않았다. 그래서 할 수 없이 큰형이 살고 있는 장항으로 내려와 몇 개월 동안 지내면서 재수 준비를 했다. 큰형 내외는 만화가게를 하고 있었다. 그때도 가난해서 방이 하나밖에 없어 함께 잠을 자야만 했다. 가을에는 다시 서울로 올라가 결혼한 누나가 살고 있는 상월곡동 집에서 남산에 있는 국립중앙도서관에 다니면서 재수 공부를 했다. 누나 역시 독립운동가의 딸임에도 가난의 굴레에서 벗어나지를 못하고 있었다. 월곡동 산동네 단칸방에서 하루 벌어 하루 먹고 사는 일용직 사람들과 함께 살고 있었다. 종이봉투도 붙이고, 액세서리 구슬도 실로 꿰어서 장식을 하는 일을 하면서 연명했다. 나는 그 속에서 함께 먹고 자고 하면서 한 방에서 생활을 했다.

재수에 실패를 하고 잠시 증권회사에 다니게 되었다. 회사에 가 보니 비슷한 연배로 어울리는 분들인데 2년제 대학교를 나오신 분은 과장으로, 4년제 대학교를 나오신 분은 부장으로, 대학교를 나와 공인회계사 자격증을 소지하신 분은 실장으로 계셨다. 인문계 고등학교를 나온 나에게 증권회사에서는 길이 보이지 않았다. 짧은 사회생활에서 "공부가 그래도 가장 쉬운 길이고 빠른 길이다."라는 확신을 가지게 되었다.

그래서 3개월 만에 사표를 내고 회사를 나와 다시 삼수 입시에

도전을 했다. 그러나 시험도 보지 못하고 입영통지서가 나와 그해 10월 26일에 군에 입대를 했다. 그동안에도 나는 누나 가족들과 함께 단칸방에서 생활을 했다. 지금 생각해 보면 엄청난 민폐였고 그렇게 살아서는 안되는 일이었다. 그러나 그렇게 살 수밖에 없는 가난과 무능의 현실이었다. 누나는 부모도 없는 막내인 나를 엄마같이 끔찍이 대해 주었다. 군 복무 중에도 한 달에 한두 번씩 면회를 와 주었다. 그리고 나의 모든 생활과 용돈의 대부분을 없는 가운데서도 은밀하게 감당해 주었다. 이러한 누나의 은혜를 60이 되어서도 갚지 못하면서 살아가고 있다.

하나님이 준비해 놓으신 사람

나는 1980년 6월 5일에 제대했다. 그리고 기거할 곳이 없어 할 수 없이 다시금 누나 집에 들어가 살게 되었다. 그때 누나는 하월곡동으로 내려와 방 하나와 거실이 있는 곳에서 조카들과 함께 살고 있었다. 그때 마침 서울시 5급(지금의 9급) 공무원 시험이 있어서 응시를 했고 합격을 했다. 경제적 기반이 전혀 없는 상황인지라 "공무원 생활을 하면서 야간에는 신학교를 다니고 주님의 종이 되어 하나님과의 약속을 지키면 된다."고 생각을 한 것이다. 1980년 9월 25일 종암동 동사무소로 발령을 받아 첫 출근을 했다. 그런데 하나님은 나를 위하여 미리 그곳에 사람을 준비허 놓고 계셨다. 그곳에는 고등학교 선배가 주임으로 있었다. 그는 나에게 "힘들겠지만 공부는 때가 있으니 말단 공무원보다는 대학에 진학하여 공부도 더하고 큰 인물이 되라."고 강권했다. 나는 출근 첫날부터 깊은 고민에 빠지게 되었다.

그런 와중에 조선대학교 치과대학에 다니는 절친한 친구를 만나 대화를 나누게 되었다. 그 당시에 그는 대학생선교회(C.C.C.)에서 열심히 활동을 하고 있었다. 1980년 8월에 여의도에서 200만 성도가 모인 "세계복음화 대성회"에서 그는 은혜를 받았고 성령 충만해 있었다. 그는 나에게 도전적인 질문을 했다. "너는 살아 계신 하나님을 믿느냐? 무에서 유를 창조하신 창세기의 하나님을 믿느냐?" 친구의 말에 망치로 머리를 한 대 얻어맞은 것 같은 충격을 느꼈다. "지금까지 내가 믿었던 하나님은 어떤 분이신가? 나의 믿음은 정말 살아 계신 하나님을 믿는 믿음인가?"라는 생각에 몸에서 경련이 일어났다. 성령님의 강한 역사가 임한 것이다.

43일 공부하여 신학대학교를

이렇게 하나님께서 준비해 놓으신 사람들을 만나게 되었다. 그들의 말을 듣고 나는 믿음 안에서 용기와 결단을 하게 되었다. 국군의 날인 10월 1일은 당시는 공휴일이었다. 그런데도 출근 명령이 내려졌다. 나는 출근하여 오전에 업무를 정리한 후 오후에 사표를 내고 공무원 생활을 일주일 만에 그만 두었다. 그리고 바로 대학입시를 위한 예비고사 응시 날짜를 확인해 보니 10월 4일까지 서류 접수 마감일이었고, 시험 날짜는 11월 20일로 공지되어 있었다. 시험 준비기간도 짧았고, 과목도 많았지만 매주 금요일에는 기도원에 올라가 철야기도를 하면서 영적 훈련을 쌓으며 입시 준비를 했다. 주일에는 당시 출석하던 개척 교회에 나가 새벽부터 밤늦게까지 봉사를 하면서 입시 준비에 최선을 다했다. 그리고 시험 당일 새벽기도회에 나가 목사님께 안수기도를 받고 시험장으로 향했다.

형제들의 반대

부모도 안 계시고 거처할 곳도 마땅치 않은 상황 속에서 주님의 종이 되고자 신학대학교에 가겠다고 하니 형제들의 반대가 이만저만 아니었다. 일반대학교도 아닌 신학대학교이고 그리고 그 어려운 주님의 종의 길을 걷겠다고 하니 강하게 반대를 한 것이다. 시골에 사시는 둘째형은 이 소식을 전해 듣고 급거 상경하셨고, "다른 길을 가라."고 하면서 밤새도록 나를 설득했다. 그러나 그 누구도 내 의지나 뜻을 꺾지는 못했다. 오히려 나는 "어떠한 어려움과 난관이 있어도 주님의 종이 될 것이고, 신학대학교에 합격을 하면 가급적 결혼도 빨리하고 열심히 살아보겠습니다."라고 당차게 결혼 계획까지 말씀 드렸다. 어디에서 그런 용기가 나왔는지 지금 생각해 보면 모든 것이 다 하나님의 섭리요 은혜였다. 더 이상 설득은 시간 낭비라고 생각하셨는지 "그럼 네가 알아서 하라."고 하시면서 날이 밝으니 누나 가족만 남고 다들 돌아가셨다.

친구가 구두를 살 돈으로

신학대학교에 진학하기 위하여 입학원서를 접수해야 하는데 접수비도 없을 정도로 극한 상황이었다. 누나마저 "신학대학교에 간다면 한 푼도 도와줄 수가 없다."고 할 정도로 반대가 강경했다. 그때 나는 고등학교 때 절친했던 친구를 찾아갔다. 그 친구도 집안 형편으로 인하여 고등학교를 마치고 공무원 생활을 하면서 동생을 대학에 보내고 뒷바라지를 하고 있는 상황이었다. 내가 전후사정을 이야기하니 "구두가 낡아 새 구두를 사려고 모아놓은 돈인데 이것을 가지고 입학원서를 사서 시험을 보라."고 하면서 돈을 손에 쥐어 주기에 접수를 할 수가 있었다.

대책도 없는 결혼생활

드디어 1981년 3월에 장로회신학대학교에 입학을 했고, 그해 4

월 11일에 결혼식을 올렸다. 나는 결혼을 할 형편이 되어서 한 것이 아니었다. 혼자서는 살 수 없는 형편이었기에 부부가 함께 벌면서 공부하기 위해서였다.

나는 군복무 중에 아내를 만나게 되었다. 아내가 될 사람은 공무원 생활을 하면서 야간으로 신학대학교에 다니고 있었고 친구들과 함께 군선교사역을 감당하고 있었다. 에벤에셀 합창단원으로 활동을 하면서 한밤중에 군부대 초소나 내무반을 돌면서 마시는 차와 간식 등을 나누어 주곤 했다. 그래서 자주 대대장 집무실에 들리기도 했는데, 그때 나는 차도 대접을 하고 밤에 배웅도 하면서 자연스럽게 사귀게 되었다. 결혼을 한 후에도 아내의 친구들의 많은 도움 속에서 위로와 힘을 얻으면서 공부도 하고 살아왔다.

신학대학교에 입학을 하고 나니 살길이 막막했다. 누나 집에서 학교에 다닌다는 것도 불가능한 일이었다. 그래서 나는 일찍 결혼을 해야겠다고 생각한 것이다. 그러나 주변에서는 모두 다 결사반대를 했다. 대학생으로 가장이 된다는 것은 무책임하고 철없는 짓이라는 것이다. 아내가 될 사람의 부모나 동생들은 말할 필요도 없었다. 그때 나는 철없이 당돌하고 무례하게 행동을 했다. "정식으로 결혼식을 허락해 줄 수 없다면 학교 잔디밭에서 친구들이 보는 앞에서 간단히 하겠습니다."라고 했다. 그랬더니 기가 막혀 할 말을 잊으셨던 장모님이 "그래도 신부 부모가 버젓이 살아 있는데 그렇게 해서는 안 된다."고 하셨다. 그래서 결혼식을 하게 되었다. 결혼 후에는 한시도 장모님의 근심을 덜어 드린 날이 없었던 것 같다. 가난하고 몸이 약한 사위를 위하여 장모님은 수시로 내가 없는 사이에 파주에서 먹을 양식과 고기와 반찬 등을 날라다 주셨다. 처남과 처제들도 조카들이 마음에 걸렸는지 일이 있을 때마다 끔찍이 챙겨 주었다.

누구도 신혼 방을 마련해 줄 상황이 아니었다. 그래서 서울 하늘 아래에서 하늘에 떠 있는 별들과 가장 가까운 곳으로 가장 싼 방을 구하게 되었다. 햇빛도 잘 안 들어오고 하수도도 없는 산꼭대기 바위 담벼락에 붙어 있는 단칸방에서 신혼생활을 시작했다. 방이 너무 좁아 처가에서 장만해 준 피아노와 세탁기는 주인집 마루에 포장된 채로 놓아 둘 수밖에 없었다. 그 짐을 몇 년 동안이나 기꺼이 맡아 주신 주인댁을 잊을 수가 없다. 장인어른과 장모님이 처음 오셨을 때에는 두 분이 함께 누울 자리가 없어서 그냥 돌아가셨다. 지금 생각해 보면 불효막심한 사위였던 것 같다. 그래서 "장모님이 마음 고생이 심해 일찍 돌아가신 것은 아닌가?" 하는 죄송한 마음이 들기도 한다. 딸들에게 나와 같은 사윗감이 나타난다면 나는 "절대로 안 된다."고 손사래를 치며 말릴 것이다.

대학 1학년 때부터 개척 교회를

학비는 애국지사 자녀이었기에 대학까지는 보훈장학금으로 면제를 받아 그래도 가까스로 대학교에 다닐 수는 있었다. 그러나 생활을 하면서 대학을 다닌다는 것은 결코 쉬운 일이 아니었다. 나는 1학년 여름방학 때 용산시장에서 과일을 받아다가 길거리에서 장사도 해 보았지만 생활대책이 될 수는 없었다.

나는 군 생활 중에 아내를 통해 알게 된 김신국 목사님이 부목으로 계시는 교회에 출석했다. 목사님은 자상하시고 정이 많으신 분이셨다. 나를 동생같이 그렇게 대해 주셨다. 사택에 인사를 드리러 가면 "함께 식사하자."고 하시면서 그냥 돌려보내지 않으셨다. 그러던 어느 날 "개척 교회가 있는데 갈 생각이 없느냐?"고 물으셨다. 그래서 1학년이었던 1981년 10월부터 83년 12월까지 약 2년 3개월 동안 가평 읍내에서 버스로 한 시간 거리에 있는 금대리라는 작은 마을에 있는 개척 교회를 섬기게 되었다. 북한강을 끼고 있는 산 속에 80여 가구가 모여 사는 곳이었다. 버스는 하루에 아침과 저녁 두 번밖에 다니지를 않았다. 가평 읍내에서 버스로 50분 거리에 있었다.

금대교회는 왕십리중앙교회 김창순 권사님과 그 가족들이 하나님 앞에 뜻을 두고 헌신하여 세운 교회였다. 그리고 권사님의 사위가 출석하고 있는 영락교회 '남자집사 선교회'와 권사회 모임인 '성우회'에서도 조금씩 힘을 모아 교회를 세워 가고 있었다. 나는 초대 담임전도사로 10월 4일에 부임을 했다. 수요일에는 예배를 인도할 사람이 없어서 초창기에는 나와 권사님이 돌아가면서 인도를 했다. 목요일 아침에 수업이 있으면 수요기도회를 인도하러 다녀오기가 어려웠기 때문에 영락교회 선교회에서 오토바이 한 대를 구입해 주었다. 책임감과 자존심이 강한 나는 최선을 다해 2년 동안 학기 중에 특별한 일이 없는 한 수요예배를 인도하러 오토바이를 몰고 다녔다. 마석 고개 산길을 지나, 청평댐을 거쳐, 복장리로 가는 양수발전소가 있는 산 속을 넘어 2시간 반 정도 걸리는 거리를 달려가 예배를 인도하고, 다시 그 길을 따라 혼자 한밤중에 돌아오곤 했다. 집에 돌아오면 보통 새벽 1시가 넘었다. 한번은 친구 전도사가 "나를 따라 교회에 가 보고 싶다."고 했다. 산속 길이라 춥기도 하고 무섭기도 했을 것이다. 그 다음에는 "다시는 안 가겠다."고 손사래를 쳤다.

매주 금요일에는 수업을 마치고 마장동 터미널에서 시외버스를 타고 또 시내버스로 갈아타고 교회로 내려가 구역예배를 드렸다. 토요일에는 새벽기도회를 인도하고 심방을 하고 학생회를 인도했다. 주일에는 예배를 인도하고 주일학교를 지도하고 심방도 했다. 월요일에는 새벽기도를 마친 다음에 다시금 2시간 반 정도 걸려 마장동 시외버스 터미널에 도착을 하면 늦은 아침을 먹을 때가 많았다. 그런데 가끔씩 국밥을 먹다가 가슴이 막히고 식은땀이 나다가 몇 분 정도 지나면 가라앉는 증상을 경험하곤 했다. 체력이 한계를 느끼고 있었던 것이다. 3학년 여름방학 중 어느 날, 집에서 일어서려고 하는데 일어설 수가 없었다. 몸의 기력이 다하여 탈진이 된 것이었다. 며칠을 이부자리에서 끙끙 앓다가 한약 두 재를 외상으로 조제하여 복용한 후에야 서서히 건강을 회복할 수 있게 되었다.

쥐들과의 동침

개척 교회 예배당은 이장님 댁에서 별채로 지은 잠실을 개조하여 사용했다. 그리고 숙식은 이장님 댁에서 해결했다. 그런데 그곳에서 지낼 때마다 대단히 무서운 밤을 보내야만 했다. 밤만 되면 천장 위에서 쥐들의 축제가 열렸기 때문이었다. 쥐들이 소리를 지르고 뛰고 난리들이었다. 천장에서 방으로 다이빙 하는 용감한 녀석들도 있었다. 포동포동 살이 쪄서 어쩌다가 눈이라도 마주치기라도 하면 두렵기까지 했다. 쥐구멍을 막아도 소용이 없었다. 이렇게 무서운 밤을 보내고 월요일에 서울로 올라가면 쥐의 이(벼룩)가 피를 빨아 먹은 피부가 울긋불긋 난리였고 가려워서 장소를 가리지 않고 긁적거렸다. 그런데 함께 주무신 이장 집사님은 "면역이 생겨 괜찮다."고 하셨다. 나는 면역이 생기지 않아 한동안 고생을 많이 했다. 그러면서 나도 서서히 면역이 되어 갔다.

하늘에 쌓아 둔 보화

그러던 어느 날부터 이장 집사님이 기침을 자주 했는데 가래에 피가 섞여 나왔다. 보건소에 가서 검진을 하니 폐병이라고 했다. 영양 상태가 아주 안 좋다고 했다. 나는 신혼인 아내와 상의를 했다.

"얼마 안되는 결혼 패물이지만 이것이라도 전당포에 맡기고 집사님 녹용 든 보약을 지어 드립시다."

그래서 양약을 드시면서 보약도 드시게 했다. 그 뒤에 기도하시면서 건강이 회복되었다. 그 뒤에 지금까지 아내는 패물과는 남남으로 지내고 있다. 나는 늘 아내에게 "하나님나라에 가면 아주 귀한 보석들이 가득 준비되어 있으니 너무 섭섭해 하지 말라."고 하면서 한 해 한 해 결혼기념일을 보낸지 벌써 36년이 되었다.

하나님이 기뻐하시지 않는 인간적언 생각

하나님은 나에게 때마다 일마다 큰 은혜를 베풀어 주셨다. 신학대학원에서는 3년 전액 입학성적우수 장학생으로 다닐 수 있도록 은혜를 베풀어 주셨다. 졸업 후에는 서울 영락교회 전임전도사로 이끌어 주셨다. 영락교회 전도사는 2년 인턴 과정이었기에 사역을 마칠

즈음에는 목사 안수를 받을 교회를 찾아서 나가야만 했다.

연말 즈음에 제주도에 있는 제법 큰 교회에서 제의가 들어왔다. 나는 제주도에서 육지로 나올 일이 있어도 경비가 부담이 될 것 같아서 깊이 생각지도 않고 거절했다. 그 뒤에 전주에 있는 나름대로 큰 교회에서도 지인을 통해 청빙 제안이 들어왔으나 완곡하게 거절을 했다. 그전에는 몰랐는데 교계에서도 지방 차별이 있다는 것을 알게 되었기 때문이다. 그런데 마침 포항에 있는 교회에서 연락이 왔다. 마치 요나가 욥바 항구에 도착하니 마침 다시스로 가는 배가 기다리고 있어서 올라탄 것과 같이, 나는 "바로 가겠다."고 연락을 했다. 그리고 1990년 1월 첫 주일에 부임을 했다. 나는 전라도 출생 이력을 경상도에서 희석시킬 수 있는 좋은 기회라고 생각을 하였다.

이것이 바로 하나님이 기뻐하시지 않는 인간적인 생각이었다는 사실을 고래 배 속에 들어가서야 비로소 깨닫게 되었다. 나는 하나님의 뜻대로 하는 근심 걱정은 후회할 일이 없고, 세상 근심 걱정은 환란과 사망을 낳게 된다는 사실을 그때서야 비로소 깨닫게 되었다(고후 7:10).

고래 배 속에서

나는 다시스로 가는 선상에서 큰 나무가 되는 꿈에 부풀어 있었다. 학력과 경력도 좋았고 목소리도 아나운서 같이 좋다는 말을 많이 들었기 때문이다. 설교도 다른 친구들보다 일찍이 9년 동안 전도사로 사역하면서 준비되었기에 나름대로 자신감이 있었다. 그러나 하나님은 내 뜻대로 그냥 다시스로 가도록 내버려 두시지를 않으셨다. 포항 제일교회에 부임한 1990년 3월 8일에 목사 안수를 받았다. 그런데 안수를 받은 지 1년 만에 과로와 감기 후유증으로 후두염에 성대결절이라는 질환을 얻게 되었다. 결국 만성질환으로 고생을 하다가 11년 후인 2002년 7월에 서울 원자력병원에서 근무하던 친구 이비인후과 교수에게 성대수술을 받았다.

부목사로 부임을 하여 열심히 심방을 하며 사역을 감당했다. 춘계와 추계 대심방 기간 동안에는 일즈일에 4일씩 가가호호 심방을 했다. 어느 날은 하루에 새벽부터 밤까지 17가정을 심방한 날도 있었다. 거기다가 그 지방에서는 처음으로 세워진 3,000세대 대단위 아파트까지 특별 관리를 하라고 나에게 닽겨 주었다. 또한 음영부 지도목사로 예배 전에 준비찬송 인도도 맡게 되었다. 포항제철 공해 속에서 격무에 시달려 몸과 마음이 탈진되었다. 목사 안수를 받은 그 이듬해 초봄에 감기가 두 달 이상 낫지를 않았다. 그러던 어느 날 목이 잠기기 시작했고, 소리가 뚝 뚝 끊어지고, 갈라지고, 나중에는 목소리가 나오지를 않았다. 이비인후과에서는 후두염이라고 고단위 항생제 주사만 놓아 주었다. 목은 쉬면 낫는데 쉬지도 않고 사역을 감당하면서 항생제 주사와 양약으로 치료를 하다 보니 결국에는 성대결절과 연축성 발성장애까지 오고 말았다.

큰 교회라 의사와 약사 장로들도 많았다. 그분들은 "몇 개월만 병가를 내고 쉬라."고 했다. 그러나 쉴 수 있는 여건이 허락되지를 않았다. 장로님과 권사님들은 녹용도 직접 잘라다 주기도 하시고, 개소주를 만들어 계속 대 주기도 하시고, 심지어는 벌집이 목에 좋다고 하여 벌집을 따다가 온몸에 벌을 쐬어 퉁퉁 붓고 큰일 날 뻔했던 분도 계시고, 산 속에 별채를 준비해 틈틈이 쉬게 해 주기도 하셨다. 많은 분들의 사랑을 지금도 잊을 수가 없다. 아내의 마음고생도 말로 다할 수가 없었다. 거의 매일 밤 교회에 나가 철야기도를 했다. 성도들은 속도 모르고 "젊은 사모가 믿음도 좋다."고 칭찬을 아끼지 않았다. 그런 외중에 한여름에도 나는 선임부목사로 여름산상부흥회 강사를 섭외하고, 행사를 준비하고 진행하면서 맡은 바 사역을 감당하느라 더욱 목을 혹사했다. 이렇게 여름이 가고 가을이 지나갔다. 나는 하나님께 임지를 옮겨 달라고 기도하기 시작했다.

그 크신 하나님의 손길

그런데 그해 11월 말쯤에 생각지도 않은 전화가 왔다. 모교 장로회신학대학교에 계신 이수영 교수님에게서 걸려온 전화였다. 교수님은 내가 신학교에 다닐 때부터 각별히 사랑해 주셨던 분이셨다. 교수님과 대화를 나누는 중에 "왜 목소리가 그러느냐?"고 물으셨다. 나는 의사소통도 어려운 데 겨우 상황을 설경해 드렸다. 교수님은 "그곳에 가서 문제가 생겼으니 그곳에서는 못 고치고 그곳을 떠나야만 고칠 수 있다."고 말씀하셨다. 전화 통화를 마친 후 얼마 지나지 않아서 다시금 전화가 왔다. 이 교수님이셨다. "서울 영은교회 허남기 목사님에게 부탁을 해 놓았으니 다음 주 월요일에 찾아뵈라."는 것이었다.

나는 이 교수님 말씀대로 허남기 목사님을 찾아뵈었다. 성대결절이란 병으로 인해 의사소통도 어려운 상태에서 대화를 나누니 기가 막힐 노릇이었다. 목사님은 "지금까지 이수영 교수님이 소개하는 목사들을 부목사로 믿고 모셨으니 나를 받아 주겠다."고 하셨다. 그래서 1992년 1월 1일, 송구영신 예배 때에 부임을 했다. 그러나 새로운 어려움이 나를 절망감으로 몰아넣었다. 즉, 부목사로 부임을 했으나 성대결절로 인해 말이 잘 안 나오니 교역자실에서 사무만 볼 수밖에 없었다. 사람 몰골과 체면이 말이 아니었다. 그 전 교회에서는 건강한 상태로 부임을 했고, 그 교회에서 사역을 하다가 얻은 질병이었기에 성대 질환에 대해 이해를 받을 수가 있었다. 그러나 새롭게 부임하게 된 교회의 사정은 달랐다. 갈등과 고민 끝에 부임 두 주 후,

담임목사님에게 개인 면담을 요청했다.

"제가 아무래도 단추를 잘못 끼운 것 같습니다. 사임을 해야 할 것 같습니다. 죄송합니다."

그때 담임목사님은 한참 생각하시더니, "이렇게 한 배를 타게 된 것도 하나님의 뜻이 있을 텐데 기왕 시작했으니 끝까지 가 보자."라고 하시면서 사표를 반려하시고 오히려 격려와 위로를 해 주셨다.

십자가와 은혜

그 당시에 교회가 위치한 양평동은 공장이 많았다. 새벽기도를 나갈 때에는 더욱 공기가 뿌옇고 냄새가 나고 안 좋았다. 나는 "하나님! 살 길을 보여 주세요."라고 기도하면서 교회 주변을 둘러보았다. 그런데 교회에서 걸어서 10분 거리에 헬스장이 딸린 목욕탕이 있었다. 그곳 헬스장은 남녀 구분으로 헬스복은 하의만 주었다. 상의는 탈의하고 운동하는데 사람들이 나를 보고 "너무 날씬하다."고 한마디씩 했다. 내가 거울을 보니 앙상한 갈비뼈가 그대로 드러나 있었고 배는 홀쭉하게 달라붙어 있었다. 체중을 재보니 52kg정도 밖에 나가지 않았다. 나는 새벽기도를 마친 후에는 그곳에 들러서 간단히 운동을 하고 목욕을 하면서 두 달 동안 사무실에서 사무만 보았다.

3월부터는 대심방도 하고 성경공부반도 3개나 맡아서 해야만 했다. 나는 대화도 어려웠다. 심방도 의사소통이 쉽지가 않았다. 하루하루가 너무도 고통스럽고 두려웠다. 새벽에 일어나면 얼굴을 들고 햇빛을 바라볼 수가 없었다. 하루를 어떻게 감당해야 하나 너무도 두렵고 고통스러웠다. 베개에 얼굴을 묻고 한참을 엎드려 있곤 했다. 하루 일과를 마치고 밤에 집에 들어와서 자고 있는 세 어린 자녀들의 얼굴을 바라볼 때마다 눈에서 눈물이 주르르 흘러내렸다. 도저히 아버지로서 이 아이들의 앞날을 책임질 자신이 없었기 때문이었다. 나는 하나님께 하소연의 기도와 푸념을 할 때가 많이 있었다.

"하나님! 씨름 선수가 허리를 다쳤는데 씨름판에 나가라고 하면 어떻게 합니까? 권투선수가 팔이 부러져 깁스를 했는데 링 위에 올라가서 싸우라고 하면 어떻게 합니까?"

하나님이 옮겨 심으신 나무

나는 영은교회에서 담임 목회지로 나가기까지 8년 2개월이라는 세월을 보냈다. 그동안 제대로 이력서를 내보지도 못했다. 건강에 대하여 자신이 없었기 때문이었다. 그럼에도 성도들에게 눈치덩어리 주님의 종이 되지 않고 사랑을 받은 것이 하나님의 은혜요 감사한 일이다. 담임목사님의 사랑도 넘치도록 많이 받았다. 세계선교대학원 석사과정에 입학을 했을 때에도, 졸업할 때에도 거금의 금일봉을 주셨다. 그리고 사택도 아파트 15층 꼭대기 층이라 여름에는 덥고 겨울에는 추웠는데 특별히 교회 관리부에 부탁하여 여름에는 시원하게 보낼 수 있도록 에어컨도 달아 주시고 겨울에는 따뜻하게 지낼 수 있도록 난방시설도 구입해 주셨다. 목사님과 성도님들의 사랑과 은혜는 잊을 수가 없다.

1999년 겨울 어느 날, 교단지 「기독공보」에 설교 2편, 테이프 2개를 요구하는 교회의 담임목사 채용 공고가 실린 것을 보았다. 그 당시에 설교 원고와 테이프를 동시에 2개씩을 요구하는 교회는 드물었다. 그때 나는 내 자신의 모습이 어느 정도인지를 확인해 보고 싶었다. 그래서 교회의 규모나 위치도 보지 않고 서류를 내기로 마음을 정했다. 그런데 하나님의 은혜로 생각지도 않게 위임목사로 청빙을 받게 되었다. 지금은 신시가지 중심에 자리 잡고 있지만 부임할 당시에는 한적한 들판 한쪽에 세워진 교회였음에도 4년 5개월 동안 430명의 장년 출석이 630명의 장년 출석으로 부흥하는 은혜도 체험하게 되었다. 주일마다 식당에 내려가 보면 새로운 얼굴들이 가득했다.

그런데 문제는 이때부터였다. 새로운 성도들로 교회는 부흥하고 있는데 시간이 지나면서 장로님들로부터 "굴러온 돌이 박힌 돌을 뽑는다."는 말을 듣게 되었다. "목사님은 새 가족들하고만 목회를 하려고 하니 죄는 없지만 떠나라."는 말도 들었다. "너무 똑똑하셔서 우리들 하고는 안 맞으니 서울로 가라.”는 것이었다. 그래서 나는 “무슨 말씀인지 알았으니 시간을 주시고 기도해 달라.”고 했다. 그랬더니 “6개월 안에 떠나라.”는 것이었다. 나는 “위임목사로서 하루를 목회를 해도 시한부 목사로는 목회를 못한다.”고 했다. 결국에는 4년 5개월 만에 자의 반 타의 반으로 사임을 하고 퇴직금 1,050만 원을 가지고 교회를 개척하게 되었다. 그리고 뜻을 같이 하는 150여 명의 성도들이 함께 힘이 되어 주었다. 그러면서 하나님께서는 나를 다른 개척교회에서 수고하시는 주님의 종들이 걸어가고 경험하는 모든 것들을 똑같이 경험하며 살아가게 하셨다. 이렇게 개척의 길이 꽃길을 걷듯이 늘 행복하고 순탄하지만은 않았다. 역사가 오래된 교회나 개척 교회들이 겪는 모든 아픔과 성장통을 기회가 되면 표현하겠지만 한마디로 말로 다 표현할 수 없을 정도로 아픔을 겪었다.

하나님이 만들어 가시는 주님의 종

하나님은 나를 세례 요한과 같이 광야의 길을 걷게 하셨다. 그것은 오직 하나님만을 의지하는 주님의 종이 되도록 훈련하시기 위함이었다. 그래서일까? 하나님께서는 내가 초등학교 6학년에 다니고 있을 때, 어머니가 55세인데도 젊은 연세에 데려가셨다. 그리고 고등학교 1학년 때는 71세의 아버지를 데려가셨다. 그런가하면 장모님은 내가 포항 사역지로 내려가 목사 안수를 받기 직전인 1990년 1월 14일에 58세의 젊은 연세에 돌아가셨고, 장인어른은 내가 위임목사로 목회 사역을 하고 있을 때 69세에 돌아가셨다. 그래서 나는 결혼을 하고 한 가정의 가장이 되었음에도 다시금 고아와 같은 신세로 오직 하나님만을 바라보며 광야의 길을 걸어가는 주님의 종으로 훈련을 받아야만 했다.

하나님께서는 이렇게 나를 파란만장한 세월을 경험하게 하시면서 하나님만을 의지 하는 주님의 종으로 만들어 가셨다. 주님의 종이 무엇인지도 모르고 오직 인간적인 의리 하나만을 가지고 주님의 종이 되기로 결단한 나를 고난과 역경의 삶을 통하여 하나님이 원하시는 모습으로 만들어 가신 것이다.

내가 오늘 명하는 모든 명령을 너희는 지켜 행하라. 그리하면 너희가 살고 번성하고 여호와께서 너희의 조상들에게 맹세하신 땅에 들어가서 그것을 차지하리라. 네 하나님 여호와께서 이 사십 년 동안에 네게 광야 길을 걷게 하신 것을 기억하라. 이는 너를 낮추시며 너를 시험하사 네 마음이 어떠한지 그 명령을 지키는지 지키지 않는지 알려 하심이라. 너를 낮추시며 너를 주리게 하시며 또 너도 알지 못하며 네 조상들도 알지 못하던 만나를 네게 먹이신 것은 사람이 떡으로만 사는 것이 아니요 여

호와의 입에서 나오는 모든 말씀으로 사는 줄을 네가 알게 하려 하심이
니라. 이 사십 년 동안에 네 의복이 해어지지 아니했고 네 발이 부르트
지 아니했느니라. 너는 사람이 그 아들을 징계함 같이 네 하나님 여호와
께서 너를 징계하시는 줄 마음에 생각하고, 네 하나님 여호와의 명령을
지켜 그의 길을 따라가며 그를 경외할지니라.   신 8:1-6

귀인들을 의지하지 말며 도울 힘이 없는 인생도 의지하지 말지니, 그의
호흡이 끊어지면 흙으로 돌아가서 그 날에 그의 생각이 소멸하리로다.
야곱의 하나님을 자기의 도움으로 삼으며 여호와 자기 하나님에게 자기
의 소망을 두는 자는 복이 있도다.   시 146:3-5

한 그루의 분재가 되어

하나님이 원하시는 모습

시냇가에 심겨진 나무와 같이 철을 따라 부족함이 없이 하늘 높은 줄 모르고 뻗어 나가며 폼 나게 살아 보고 싶지 않은 인생이 어디 있겠는가? 그러나 대부분의 성도들과 주님의 종들은 자신이 원하는 모습과는 달리 불만족스러운 모습으로 인생이 잘리고 구부러지고 휘어지고 눌리면서 살아가게 되는 경우들을 많이 보게 된다.

그런데 이러한 좌절과 불만족스러운 삶이 하나님의 섭리 속에 있다는 사실을 시간이 지나면서 깨닫게 된다. 하나님은 우리를 사랑하시고 소중하게 생각하시는 분이며 우리가 대자연 속에서 마음껏 뻗어나가는 것을 좋아하신다. 그러나 어떤 경우에는 우리를 귀한 화분에 옮겨 작은 분재로 만들어 곁에 두고 보고 싶어 하실 때도 있다. 우리가 원하는 모습은 아니지만 우리들을 하나님이 원하시는 분재의 모습으로 만들어 가실 때도 있다. 그러기에 한 그루의 분재의 모습으로 만들어 거룩하고 정결한 화분에 담아 음미하면서 보고 싶어 하시는 하나님의 마음을 헤아릴 수 있어야만 한다.

하나님은 만세 전에 우리를 미리 아시고, 미리 정하시고, 또한 하나님의 뜻을 이루어 갈 사명자로 부르시고 세우셨다. 하나님은 우리들이 부족함과 허물이 많음에도 품격 있는 한 그루의 분재로 만들어 보시기에 의롭다고 말씀하시는 분이시다. 결국에는 우리들을 영화롭게 장식하여 모든 이들에게 자랑하고자 하시는 합력하여 선을 이루어 가시는 하나님이신 것이다(롬 8:28-37).

60이 다 되어

젊었을 때에는 크고 작은 환란과 어려움을 만날 때마다 "왜 나에게 이런 일이? 왜 내가 이렇게 살아야만 하나?"라는 원망과 불평을 할 때가 종종 있었다. 그러다가 60이 다 되어서야 지금까지 살아온 삶의 여정을 돌아보면서 비로소 하나님의 섭리를 깨닫게 되었다. 그것은 하나님이 시냇가에 심어 놓아 하늘 높은 줄 모르고 뻗어 나가는 큰 나무와 같은 인생도 있지만, 하나님이 직접 손질하셔서 작은 분재로 만들어 곁에 두고 언제든지 바라보고 싶어 하시는 인생도 있다는 사실을 깨닫게 된 것이다.

요나 같이

솔직히 나는 대자연 속에서 하늘 높은 줄 모르고 뻗어나가는 아름드리나무와 같이 폼 나는 주님의 종이 되고 싶었다. 나름대로 공부도 잘했고, 수만 명, 수천 명이 모이는 교회에서 부교역자로 훈련도 받았고, 비록 지방도시지만 수백 명이 모이는 교회의 위임목사로 청빙을 받아 사역하고 있었기 때문이다. 그러나 하나님께서는 큰 나무의 재목보다는 자르시고, 꺾으시고, 비트시고, 누르시면서 작은 분재로 만들어 하나님 마음에 두고 싶은 곳에 두고 보시기를 원하신다는 사실을 알게 되었다. 마치 다시스로 내려가는 배 안에서 평안히 잠자고 있는 요나를 가만 놔두시지를 않으신 것과 같이 말이다. 하나님은 잠자고 있는 요나를 흔들어 깨우셨다. 그리고 파도가 넘실거리는 흉용한 바다 한가운데에 던져 버리셨다. 그것도 모자라 요나로 하여금 고기 배 속에서 3일 동안이나 흑암 가운데서 두려워하며 절규하게 만드셨다. 그리고 눈물로 회개한 요나를 다시금 니느웨로 보내셨다. 그리고 하나님이 원하시는 사역을 억지로라도 감당하게 하셨다. 이것이 바로 하나님이 만들어 가시는 한 그루의 분재와 같은 인생인 것이다.

한 그루의 분재가 되어

이제야 겨우 한 그루의 분재가 되어 남은 생을 하나님 곁에서 사랑 받으며 살아가는 기쁨과 감사와 감격이 무엇인지를 깨닫게 되었다. 그것은 내 자신이 버림받은 인생이 아니라, 택함 받고 사랑 받는 한 그루의 분재와 같은 인생이라는 사실을 알게 되었기 때문이다.

이 백성은 내가 나를 위하여 지었나니 나를 찬송하게 하려 함이니라.

사 43:21

제2장

세상 안에서 살아가기

항문이 더럽다고 도려낼 수만은 없다.
깨끗이 씻어 가면서 살아다만 한다.

생육하고 번성하여 땅에 충만하라

> 하나님이 그들에게 복을 주시며 하나님이 그들에게 이르시되 생육하고 번성하여 땅에 충만하라, 땅을 정복하라, 바다의 물고기와 하늘의 새와 땅에 움직이는 모든 생물을 다스리라 하시니라. _창 1:28_

> 하나님이 노아와 그 아들들에게 복을 주시며 그들에게 이르시되 생육하고 번성하여 땅에 충만하라. _창 9:1, 7_

하나님 앞에서의 인생은

사람들은 모든 인간은 법 앞에서 평등하다고들 말한다. 그런데 정작 하나님 앞에서 주어지는 인간들의 삶은 불공평하고 불평등할 때가 많이 있다. 하나님 앞에서는 한 달란트의 인생도 있고, 두 달란트의 인생도 있고, 다섯 달란트의 인생도 있기 때문이다(마 25:14–30). 금 그릇과 같은 인생도 있고 질그릇과 같은 인생도 있다(딤후 2:20). 그러나 이렇게 불공평하고 불평등한 인생을 살아간다고 해도 자기 자신을 깨끗하게 준비하면 귀빈의 상에 들림 받는 존귀한 그릇과 같은 인생이 될 수 있다고 성경은 말씀하고 있다(딤후 2:21). 그래서 다섯 달란트의 인생이든, 두 달란트의 인생이든, 항상 기뻐하고 기도하고 범사에 감사하면서 열심히 살아야만 한다. 그러면 착하고 충성된 종이라고 하나님이 인정해 주시기 때문이다(마 25:21, 23).

주어진 인생을 열심히 살아야

그러기에 우리 성도들은 주어진 인생을 열심히 살아야만 한다. 생육하고 번성하고 다스리고 정복하는 모습으로 열심히 살아야 한다. 성도에게는 주님이 산 소망이 되시기 때문이다(벧전 1:3-4). 주님 안에서는 소망이 있다. 종과 노예의 신분으로 억울한 누명까지 쓰고 옥에 갇혀 있던 요셉을 애굽의 총리가 되게 하신 분이 하나님이시기 때문이다(창 45:5-8). 들녘에서 양을 치던 다윗을 존귀하게 세우신 분도 하나님이시다. 혼자된 여인 다말과 기생 라합 그리고 이방 여인 룻과 마리아를 주님의 계보에 들게 하신 분도 하나님이시다.

그러기에 성도들은 하나님 안에서 야베스와 같은 인생 역전을 기대하면서 살아가야 한다(대상 4:10). 주님도 마태복음 7장 7-12절에서 하나님께 구하고 기도하면서 살라고 말씀하셨다. 아무리 힘들고 어려운 삶이더라도, 희망이 보이지 않는 삶이더라도 믿음을 가지고 열심히 살아가야 한다. 주님을 의지하고 앞으로 나아가야만 한다. 주님은 길 없는 곳에 길이 되는 분이기 때문이다(요 14:6).

붕어빵 장사

나는 신학대학교에 원서를 낸 다음 생활비라도 벌려고 1981년 1월 하순 경에 군대 동기였던 친구에게 돈을 빌려 리어카를 한 대 준비했다. 그리고 청계천 평화상가 대로변에서 붕어빵 장사를 시작했다. 청계천 대로변에서 리어카를 끌고 장사를 한다는 것은 경험 없는 25세의 나에게는 그렇게 만만한 일이 아니었다. 나는 아무나 길거리에서 붕어빵을 팔면 되는 줄로 알았다. 버스 정류장 주변에서 붕어빵을 팔면 장사가 잘 되었다. 그런데 조금 있으면 누군가가 와서 자기 자리라고 비키라고 했다. 그러다가 호루라기 소리가 나면 다들 정신없이 리어카를 몰고 단속을 피해 철새같이 도망을 쳤다. 단속반원들이 나타나면 하루에도 몇 번씩 이렇게 도망을 다니면서 장사를 했다.

과일 장사

대학교 1학년 때 여름방학을 맞이하여 생활비라도 벌어 보려고 나는 아내와 함께 결혼반지를 전당포에 맞기고 또 리어카 한 대를 구입했다. 이번에는 용산시장에서 과일을 받아 남영동과 후암동 일대를 돌아다니면서 팔았다. 그런데 열심히 팔아도 돈은 벌리지 않았다. 그때 나는 장사는 팔아서 남는 것보다 물건을 도매상으로부터 인수받을 때 더 남는다는 사실을 알게 되었다. 일찍 물건을 팔고 돌아가는 사람들은 순번을 정하여 새벽 일찍 용산시장으로 들어서는 골목길에서 시골에서 올라오는 차를 기다리고 있다가 차떼기를 했다. 그리고 아침나절이 되면 일행들이 여유 있게 와서 과일들을 사람 수대로 나누어 리어카에 싣고 나가서 팔았다. 물건을 구입할 때부터 아주 싼 값으로 구입했기에 인심을 쓰고 덤으로 주면서도 남는 장사였다. 나는 저녁이 되면 팔리지 않은 자두나 참외 등을 자루에 넣어 가지고 집으로 돌아왔다. 그래도 그때 팔다 남은 과일이지만 아내에게 마음껏 먹을 수 있도록 해 준 것이 다행이라고 생각된다.

과일 장사 아저씨로 다가오신 주님

과일 장사를 하면서 알게 된 아저씨와 포장마차에서 허기를 달래면서 이런저런 이야기를 나누게 되었다. 그는 자신이 신학교를 나와서 전도사로 목회를 했었다는 이야기를 들려주었다. 그는 시골에서 목회를 했었는데 너무도 생활이 어려워 먹고 살기 위해서 목회를 그만두고 세상 길로 나왔다고 했다. 그러면서 나에게 "무슨 일이 있더라도 절대로 목회의 길을 포기하지 말라."고 신신당부를 했다. 그때 나는 마음속으로 기도했다.

"하나님! 이제부터는 하나님의 일만 하면서 학업에 전념하며 살아가게 해 주세요."

그런데 하나님은 그해 10월 달부터 개척 교회를 섬기면서 공부를 할 수 있도록 응답해 주셨다. 그래서 나는 25세의 신학대학교 1학년 학생의 신분으로 담임전도사의 사역을 시작하게 된 것이다.

개척 교회 전도사

교회에 가려면 마석고개를 넘어야만 했다. 오고 가는 산비탈 낭떠러지 길이 너무도 무서웠다. 그 교회에 부임 초창기에는 아찔했던 일도 있었다. 군대 동기인 절친한 친구의 승합차로 경희대학교 한방과 학생들이 의료봉사를 교회로 오게 되었다. 마침 그 차 안에는 아내와 갓 돌 지난 딸아이가 서울에서부터 동승하고 있었다. 그런데 오는 도중 마석고개에서 차의 뒷바퀴가 미끄러지면서 산비탈로 구르고 말았다. 구입한지 얼마 안된 차였지만 폐차시킬 정도의 대형 사고였다. 천만다행인 것은 그렇게 큰 사고였지만 차가 큰 나무 기둥에 걸려 인사사고는 나지 않았다는 점이다. 사람들은 가까스로 전복된 차에서 기어 나왔다고 한다. 마침 아이는 엄마 품 안에서 잠을 자고 있었기에 큰일을 당하지 않았지만 아내는 후유증으로 오랫동안 고생을 했다. 그런데도 돈이 없어서 병원에 가서 제대로 검사도 해 보지를 못했다. 지금 생각해 보면 참으로 무능하고 무책임한 남편이었던 것 같다. 그런 줄도 모르고 사고가 난 그 시각에 나는 교회에서 부흥강사 목사님을 모시고 부흥회를 인도하고 있었다.

가평 읍내에서 교회까지 가는 비포장도로 산길도 금방 차가 골짜기 아래로 굴러 떨어질 것 같이 그렇게 가파르고 무서웠다. 마치 강원도 산골짜기 같은 느낌이 들었다. 겨울에는 눈이라도 오고 얼어 붙으면 차가 다니지를 못했다. 그러면 나는 몇 시간씩 북한강변 길을 걸어서 교회까지 가기도 했다. 얼음과 눈으로 쌓인 길을 걷다보면 미끄러지고 넘어지기를 수없이 반복했지단 위험한 길을 하룻강아지 범무서운 줄도 모르고 그렇게 다니면서 첫 목회를 했다.

하나님은 오늘도 말씀하신다. "생육하고 번성하고 땅에 충만하라! 땅을 다스리고 정복하라!"

정직만이 사는 길이다

이 시대에 가장 큰 비극은

이 시대에 가장 큰 비극은 서로 믿지 못한다는 것이다. 믿음과 신뢰가 무너진 것이다. 그래서 진실을 말해도 믿으려고 하지를 않는다. 거짓을 진실인 것 같이 진지하게 말하니 무엇이 진실이고 무엇이 거짓인지 분별하기가 쉽지가 않다. 그래서 우리는 혼돈의 시대를 살아가고 있다.

우리 민족의 비극은 대통령부터 거짓말을 쉽게 생각한데서부터 비롯된 것 같다. 이승만 대통령은 6.25전쟁 발발 이틀 후인 6월 27일 새벽 4시, 4명의 수행원을 데리고 특별 열차편으로 서울을 떠나 대구로 내려갔다가 다시 대전으로 올라왔다. 이렇게 대통령이 서울을 떠난 줄도 모르고 국회는 6월 27일 서울 사수를 결의했다. 정부가 대통령에 관한 정보를 바르게 알려 주지 않았기 때문이다. 이승만 대통령은 상황이 다급해진 것을 가장 먼저 알아차리고 자신의 안위만을 위하여 먼저 남하했다. 그런 후에는 마치 대통령이 서울에 있는 것처럼 미리 녹음해 둔 "국민에게 보내는 담화"를 27일 밤 10시부터 11시까지 3번이나 반복해서 방송해 국민들을 속이고 우롱했다. 당시 채병덕 육군참모총장의 지시로 6월 28일 새벽 2시 30분에 아무런 예고도 없이 한강철교를 폭파해 50대 이상의 차량과 최소한 500–800명 정도의 피난민들을 폭사시켰다. 그 후에 성난 민심을 달래기 위하여 그 책임을 폭파책임을 맡았던 공병감 대령 최창식에게 뒤집어 씌웠고, 결국에는 9월 16일 오후 2시에 총살형을 집행했다. 그러나 고인은 14년 뒤인 1964년 10월 23일에 무죄 판결을 받아 사후 복권이 되었다. 이러한 비극적인 거짓과 역사 왜곡은 반국가 간첩사건 등에서도 수없이 악용되어 결국 무고한 사람들이 옥고를 치르고 목숨을 잃었으며, 사후에 무죄가 확정되는 통탄할 일이 수도 없이 발생했다.

이러한 민족의 비극적인 역사 속에서 문제는 믿음과 신뢰가 실종되어 갔다는 점이다. 국민들은 국가 지도자나 정치인, 정부의 발표를 잘 믿으려고 하지를 않는다. 국민들도 서로 믿음과 신뢰를 가지지를 못하고 불신이 팽배한 모습으로 살아가고 있다. 그래서 대통령도 정부도 믿지를 못하고, 심지어는 교회와 성도들도 서로 믿으려고 하지 않는 혼돈의 시대가 되고 말았다. 천안함 사건, 세월호 사건, 국정원 댓글 사건, 메르스 사태, 최순실 국정농단 등은 이러한 불신이 팽

배한 모습들을 보여 주는 것이다.

거짓이 없어야

민족 지도자 안창호 선생은 "죽더라도 거짓이 없어야 한다. 농담
으로라도 거짓말은 하지 마라. 약속의 크고 작음을 저울질하지 마라.
약속을 지키는 믿음이 삶의 근본이다."라고 정직과 믿음과 신뢰를 강
조했다. 이렇게 늘 성실과 진실을 강조했던 안창호 선생은 약속의 중
요성을 가르쳤고 자신이 한 약속은 반드시 지켰다고 한다. 안창호 선
생이 중국 상해 임시정부에 계셨을 때의 일이다. 1932년 4월 29일,
한국인소년동맹의 5월 어린이날 행사에 내기로 한 기부금 전달 약속
을 지키기 위해 안창호 선생은 소년동맹위원장인 이만영 군을 만나
기 위하여 상해교민단장이었던 이유필의 집을 방문하기로 되어 있었
다. 그런데 소년과 약속한 그날 윤봉길 의사가 상해 홍구공원에서 일
본군 대장에게 폭탄을 던지는 의거가 일어났다. 독립운동가들을 체
포하기 위해 혈안이 된 일본 경찰들이 곳곳에 잠복하고 있어서 동지
들이 안창호 선생의 외출을 말렸다. 하지만 안창호 선생은 "소년과의
약속도 지키지 못한다면 누구와의 약속을 지키겠소?" 하면서 집을 나
섰다. 결국 소년의 집을 방문하다가 경찰에게 체포된 안창호 선생은
국내로 압송되어 재판을 받고 2년 6개월의 옥고를 치르고 1935년 2

월 가출옥이 되었다. 그러나 감옥에서도 안창호 선생은 소년과의 약속을 지킨 일을 결코 후회하지 않았다고 한다.

영국 격언에 "하루를 행복하려면 이발소에 가고, 일주일을 행복하려면 결혼을 하고, 한 달을 행복하려면 말을 사고, 일 년을 행복하려면 집을 사라. 그러나 평생을 행복하려면 정직한 인간이 되라."는 말이 있다. 이렇게 바르고 정직하고 진실하게 약속한 것에 대하여 책임을 지고 살아가는 삶만이 이 민족이 사는 길이고, 교회가 사는 길이고, 성도들이 사는 길이고, 우리 모두가 사는 길이다.

바르고 정직하고 행복한 삶을 살라
요셉과 같이 "내가 어찌 이 큰 악을 행하여 하나님께 죄를 지으리이까(창 39:9)?"라는 믿음으로 하나님 앞에, 사람 앞에, 양심 앞에 거리낌이 없는 정직한 모습으로 살아가려고 최선을 다하는 성도가 되라.

기도에는 행동하는 책임이 따른다

그래도 감당할 만한 설교 사역

신앙생활에서 가장 힘들고 어려운 사역은 무엇일까? 나는 주님의 종으로서 설교가 힘들긴 해도 그래도 감당할 만하다고 생각한다. 하나님의 말씀만 전하면 되기 때문이다(마 28:20; 딤후 4:1-5; 겔 2:7). 내가 좀 부족하고 그 말씀대로 살지 못한다 하더라도 담대하게 하나님의 말씀을 전하면 된다. 내 생각과 주장을 전하는 것이 아니라 하나님의 말씀을 전하면 되기 때문에 그 말씀에 대한 책임은 하나님과 듣는 자들에게 돌아가기 때문이다(겔 3:17-21).

그럼에도 말씀을 전하는 설교자가 그 전하는 말씀대로 살아가면서 말씀을 전한다면 그 말씀에 더욱 감동과 능력이 있을 것이다. 이렇게 설교자는 그 말씀대로 살지 못한다 하더라도 하나님께로부터 그 말씀을 전하라는 사명을 부여 받았기에 그 어떠한 상황 속에서도 말씀을 전하는 사역을 지속적으로 감당해야만 한다(고전 9:16-17).

가장 힘들고 어려운 것은 기도 사역

그러나 기도는 설교와는 다르다. 기도는 무엇인가? 기도의 많은 부분은 신앙고백적인 내용이다. 물론 일용할 양식을 구한다든지, 긴급한 현안의 도우심을 구하는 기도는 얼마든지 열심히 부르짖으면서 간구하면 된다. 그러나 중보기도와 같은 신앙고백적인 기도는 그 간구하는 기도대로 살아야만 한다는 책임감이 뒤따른다. 그렇지 않으면 바리새인과 서기관과 같은 위선적인 종교인이 되고 만다. 바리새인과 서기관은 사람이 볼 때 그럴듯한 모습으로 위선적인 기도를 하는데 별다른 양심의 가책을 느끼지 않았던 것으로 보인다. 그들은 기도와 삶이 일치하지 않더라도 얼마든지 천사와 같은 모습으로 기도를 그럴듯하게 은혜롭게 잘 하는 자들이었기 때문이다(마 6:5, 3:7-10).

기도하는 대로 살려고 힘써야

기도의 많은 부분들이 신앙고백적이라는 말은 신앙고백적인 기도의 내용대로 행동하고 책임지는 삶을 살아야 한다는 것을 의미한다. 예를 들어 교회의 평안과 부흥과 성장을 위하여 기도한다고 하자. 얼마든지 교회의 평안과 부흥과 성장을 위하여 기도할 수 있고 또한 기도해야 한다. 그런데 그러한 기도를 진심으로 하나님께 드리는 성도라면 어떻게 살아가야 할까? 교회의 평안과 화평을 위하여 언행심사를 조심하고, 참고, 섬기고, 봉사하고, 사랑하는 겸손한 삶에 힘써야 할 것이다. 교회의 부흥과 성장을 위하여 기도했다면 어떻게 해서든지 전도하려고 하고, 새 가족을 잘 보살피고, 사역의 자리를 잘 감당하면서 교회가 든든히 서고 성도들이 온전해질 수 있도록 최선을 다해야만 할 것이다. 그런데 천사와 같은 모습으로 기도만 하고 전혀 행함이 없는 기도라면 이것은 죽은 기도요(약 2:14-26), 주님께서 지적하신 중언부언의 기도인 것이다(마 6:7).

오늘날 현대 교회와 교인들의 심각한 문제

갈등과 분열 속에 있는 어느 교회의 교인이 공적인 모임에서 대표 기도를 하는 모습을 보았다. 그 기도는 주님의 마음을 가진 바울이나 성자들이 하는 기도와 같이 들렸다. 은혜가 넘치는 내용이었고 그렇게 기도한 대로만 산다면 그 교회는 아무런 문제가 없을 것 같았다. 그런데 그 교회는 지금 한창 분쟁 중이다. 그리고 천사와 같은 얼굴로 성자가 드리는 것 같은 내용의 기도를 한 그분은 그 교회의 싸움의 한복판에서 아주 거친 언행심사로 앞장서고 있었다(고후 11:13-15). 과연 그분이 교회를 위하여 천사와 같은 모습으로 드린 간절한 기도는 무엇이었단 말인가? 이렇게 기도 따로, 삶 따로의 모습은 심각한 문제가 아닐 수가 없다(마 7:15-23).

설교에 큰 은혜를 받았습니다

그러기에 "오늘 기도에 참 은혜 많이 받았습니다. 참 은혜로운 기도였습니다." 라는 표현은 적합하지가 않다. 기도는 하나님께 드리는 것이기 때문이다. 그리고 기도의 열매를 보고 그 기도의 진정성을 평가해야만 하기 때문이다. 하나님께 드리는 기도는 기도하는 성도가 "앞으로 그렇게 행동으로 보여 드리는 삶을 자원하여 살겠습니다."라고 하나님께 드리는 신앙고백적인 다짐과 결단이 되어야만 한다.

그러나 설교에는 "오늘 은혜 많이 받았습니다. 오늘 참 좋은 말씀 들려주셔서 감사합니다."라는 표현을 자주 많이 해야 한다. 왜 그런가? 설교는 하나님의 말씀이기 때문이다. 그러기에 하나님의 말씀을 옥토와 같은 마음으로 받아들였다는 신앙고백이 있어야만 한다. 이것은 설교자의 말이 아니라 하나님의 말씀에 "아멘!" 하는 신앙고백적인 표현이기 때문이다.

기도에는 행동하는 책임이 따른다

주님의 흔적

들꽃보다 장미를

1999년도에 인기리에 방영되었던 드라마 "보고 또 보고"가 생각난다. 큰며느리(은주)가 못 먹는 술을 마시면서 시어머니에게 넋두리를 하는 장면이 나온다. "왜 어머님은 둘째 며느리(금주)만 위해 주고 나는 미워하세요! 내가 가족들을 위해서 가기 싫은 간호대학을 들어가 지금까지 돈을 벌면서 살아왔는데, 친정어머니도 큰언니만 좋아하고, 시어머님도 왜 큰언니만 좋아하는지 모르겠어요."하면서 하소연을 하는 장면이다. 그러면서 하는 말이 인상적이었다. "사람들은 들꽃을 대할 때 대단하다고 생각하면서도 결국은 장미를 좋아하더라고요!" 이것이 바로 오늘 우리 자신과 교회의 모습은 아닌지 생각해 본다.

과정보다 결과를

대부분의 사람은 살아가면서 과정은 별로 중요하게 생각하지 않는다. 과정보다도 결과가 중요하다고 생각한다. 그래서 자신에게 유익이 없다고 생각되면 언제든지 정분과 의리도 매정하게 버리고 돌아선다.

서울에서 신우회 조찬기도회를 인도했을 때의 일이다. 회원이 제안한 기도제목 중에 이런 사연이 있었다. 신촌에 있는 본인이 다니는 교회인데 담임목사님이 과로로 쓰러져서 6개월 이상 목회를 못하고 계시는 데 회복이 거의 불가능하다는 것이다. 그런데 벌써부터 교인들이 목사님 가족들에게 사표를 종용하고 후임 목사를 모시려고 술렁거린다는 것이다. 이 일로 인하여 고인들이 둘로 나뉘어서 서로 갈등하고 있다는 것이다.

흔적(스티그마)

사도 바울은 복음을 전하다가 자신에게 주어진 육체적, 정신적 고통과 어려움에 대해 갈라디아 성도들에게 단호하게 말했다.

> 이 후로는 누구든지 나를 괴롭게 하지 말라 내가 내 몸에 예수의 흔적을 지니고 있노라.
>
> 갈 6:17

여기서 흔적은 '스티그마(στίχμα)'라는 단어로 주인이 노예에 대한 자신의 소유권을 나타내기 위해서 노예의 몸에 불에 달군 인두로 낙인을 찍은 것을 의미한다. 사도 바울이 주님과 복음을 증거하다가 받게 된 고통과 고난의 상처를 의미하는 것이다.

의와 사랑을 위해서 살다 보면 이렇게 스티그마가 남게 된다. 세상에 공짜는 없다. 주님을 따르는 것도 자기를 부인하고 자기 십자가를 지는 스티그마가 남는 일이다. 그러기에 이것을 귀하게 여겨 주고, 이것을 자랑스럽게 생각하는 성도들과 교회가 되어야만 한다.

주님의 일을 하다 보면 생각지 않은 고난과 오해를 받는 일들이 생기기도 한다. 그러한 흔적을 사람들이 이해하고 높이 평가하기보다는 평가절하하고 무시할 때가 많다. 순간적의 사랑과 고난은 누구든지 기꺼이 감당할 수 있다. 그러나 두고두고 따라 다니는 사랑과 희생에서 비롯된 고난과 고통의 흔적을 감당하면서 산다는 것은 그렇게 쉬운 일이 아니다. 그러기에 우리는 결과보다도 과정을 더 중요하게 생각하고 높이 평가할 줄 아는 성숙한 성도의 모습으로 살아갈 수 있어야만 한다.

선친 채세윤(채근우)

아버지(蔡世允, 일명 蔡槿宇)는 1902년 4월 27일에 전라북도 전주군(완주군) 이서면 두현리에서 태어나셨다. 아버지는 일찍이 할머니(金信道)를 따라 노령(露領) 연해주(沿海州)로 건너가서 사셨다. 할머니는 일찍이 복음을 받아들인 선각자였으며, 만주에서 교육사업과 독립군 군자금 등을 지원하는 일을 하셨다고 한다. 그리고 일찍부터 아버지에게 신학문을 가르치셨다. 그 덕에 아버지는 7세인 1909년에 한문서정에, 10세에 소학교에, 14세에 고등학교에 입학하여 18세에 졸업을 하셨다.

1920년에 아버지는 대한독립의용군 자유대대(自由大隊)에 들어가셨고, 5월에 제3소대장으로 흑룡강 전투에 출전하셨다. 1921년 1월에는 소련 극동군(極東軍) 제2군단 소속 대한독립의용군 제3중대 제2소대장으로 근무하셨다. 1923년 6월브터 북만주 영안(寧安)현에서 김좌진(金佐鎭), 김혁(金赫), 나중소(羅仲昭) 등이 조직한 항일독립운동 군대인 신민부(新民府)의 별동대원(別動隊員)으로 가담하셨다. 1924년 4월에는 김좌진 장군의 휘하에서 북만주 닝안(寧安)지구 별동대 반장(班長)으로 항일전에 참여하셨다.

1925년 4월에는 강영 지구군 지대 제2대대 제3중대 제3소대장에 피임되셨다. 1926년 7월에는 신민부 빈강지구(濱江地區) 파견 유격반장(遊擊班長)으로 친일단체인 해림민회(海林民會)를 습격하여 회장 배두산(裵斗山)을 사살하셨다. 10월 초에는 하얼킨(哈爾濱)으로 가서 민족반역단체인 친일조선인민회를 습격하여 회장 이정(李政)으로부터 민회를 해

산하겠다는 각서를 받아내고 해산시키셨다. 10월 26일에는 하얼빈 지역의 신민부 지방조직을 추진하던 중, 무기를 구입하여 동부(東部)로 옮기다가 발각되어 하얼빈 일본 총영사관 경찰에 체포 구금되어 심한 고문과 취조를 받으면서 재판에 넘겨지셨다.

1928년 5월 17일 다롄(大連) 지방법원으로부터 징역 10년형을 선고받고, 다롄 뤼순(旅順) 감옥에서 10년간 옥고를 치르시다가 34세인 1936년 1월에 출옥을 하셨다. 출옥 후 바로 귀국을 하셨고, 일본 순경의 감시를 받으면서 전남 보성, 전북 정읍과 완주군 등지에서 우체국과 면사무소 등에서 근무를 하셨다. 47세였던 1949년 6월 26일에 백범 김구 선생이 암살을 당하자 몹시 상심하시어, 땅 값이 싼 만경강 간척지인 전라북도 옥구군 회현면 증석리로 이주해 세상을 한탄하면서 사시다가 1973년 3월 10일, 향년 71세로 타계 하셨다. 대한민국 정부에서는 이와 같은 독립운동과 옥고를 치른 노고를 높이 치하하여 1968년 3월 1일에 건국훈장 독립장을 수여했고 애국지사로 책봉했다.

독립운동가의 후손의 삶

최근 한 언론사가 독립유공자와 그 후손들 1,115명을 대상으로 생활실태조사를 한 결과에 따르면, 월 개인소득 200만 원 미만이

75.2%나 되었다. 또한 3대를 넘어 4대까지 가난이 대물림되고 있는 것으로 분석되었다. 생존 독립유공자들은 지금의 지원 수준으로는 최소한의 생활조차 영위하기 힘들다면서 보훈연금 증액을 요구했다. 학력사회 현실에서 독립유공자들의 자녀들과 손자녀들은 고졸 이하가 65%였고, 대부분이 일용직이나 3D 산업에 종사하고 있었다. 오죽하면 어느 독립유공자의 후손이 이렇게 말했을까?

"만약 지금도 다른 나라에 의해서 우리가 강점이 되었다면, 그때는 나도 친일파들처럼 나라를 버릴 것이다."

자랑스러운 아버지였건만 나의 성장과정은 배고픔과 가난과 병약함의 연속이었다. "친일파 자손은 3대가 부귀영화를 누리고, 독립운동가 자손은 3대가 고통을 받는다."는 말이 적어도 우리 가정과 나에게는 현실이 되고 말았다. 내가 초등학교에 다닐 때에는 양식이 부족해 하루에 두 끼 식사할 때도 많았다. 자주 밥을 끓여 불려서 나누어 먹기도 했다.

서울에 올라와서는 큰형 부부와 함께 한 방에서 자면서 초등학교에 다녔다. 방이 하나밖에 없었기 때문이었다. 그때 나는 6학년이었다. 형은 건축 미장 일도 하다가 겨울에는 가진 돈이 없어서 자전거에다 생선을 싣고 다니며 장사도 했다. 그럼에도 생활형편이 전혀 나아지지가 않았고 늘 가난했고 어려웠다. 독립운동가 자녀들의 가난한 삶을 몸소 삶으로 이겨 내고 있었다. 그 당시에 거의 매일 먹었던 주식은 굵게 뽑아낸 마르지 않은 물국수 우동이었다. 그런데 그때 그 먹고 싶었던 라면이라도 실컷 함께 끓여 먹었으면 하는 어린 마음이 있었다.

셋째 형은 살길이 막막해 잠시 지방 소도시로 내려가 만화가게를 하다가 그것도 잘 안되어 막걸리 술집을 한 적도 있었다. 그러나 그것도 장사가 잘되지 않았고, 쌀독에 쌀이 없어 세 자녀들과 함께 대책 없이 굶고 있는 모습을 우연히 본 적도 있다. 너무 마음이 아팠다. 그 뒤에도 형 부부는 막노동으로 낮이고 밤이고 열심히 뛰면서 살아왔다. 누나도 조카들을 기르면서 돈이 없어서 여기저기 발을 동동거리면서 돈을 빌리러 다니는 모습을 함께 살면서 많이 보았다. 가슴 아픈 독립운동가 후손들의 현실적인 삶의 이야기다.

연금

아버지는 1968년도부터 국가로부터 연금을 받기 시작하셨다. 아버지가 돌아가신 후에는 큰형이 1973년도부터 받았다. 큰형이 돌아가신 후에는 1977년도부터 지금까지 작은형이 받고 있다. 그동안 나를 비롯하여 다른 형제들은 가난과 싸워가며 처절한 삶을 살아왔다.

그래도 나는 독립운동가의 피가 흐르는지 열심히 살았고 영광스럽게 대학원까지 나와 주님의 종의 길을 걸어가고 있다. 지금까지 살아온 인생여정이 가난의 대물림 속에서 주어지는 독립운동가의 후손이 감당해야 하는 흔적, 즉 스티그마라고 생각한다.

주님의 흔적을 귀히 여길 줄 알아야

주님과 교회를 위하여 사랑하고 헌신하고 희생하다 보면 주님의 흔적이 몸과 마음에 남을 수가 있다. 이러한 사랑과 헌신과 희생의 흔적을 소중하게 생각하고 귀하게 여길 줄 알아야만 한다. 하늘의 상급을 바라보고 영광스럽게 생각할 수 있어야 한다. 그래야 하나님의 나라와 교회를 위하여 희생하고 헌신하는 일꾼들이 세워질 수 있기 때문이다.

주님은 제자들에게 말씀하셨다.

> 의를 위하여 박해를 받은 자는 복이 있나니 천국이 그들의 것임이라. 나로 말미암아 너희를 욕하고 박해하고 거짓으로 너희를 거슬러 모든 악한 말을 할 때에는 너희에게 복이 있나니, 기뻐하고 즐거워하라 하늘에서 너희의 상이 큼이라 너희 전에 있던 선지자들도 이같이 박해하였느니라.
>
> 마 5:10-12

사도 바울도 이렇게 고백했다.

나는 선한 싸움을 싸우고 나의 달려갈 길을 마치고 믿음을 지켰으니, 이
제 후로는 나를 위하여 의의 면류관이 예비되었으므로 주 곧 의로우신
재판장이 그 날에 내게 주실 것이며 내게만 아니라 주의 나타나심을 사
모하는 모든 자에게도니라.   딤후 4:7-8

온유한 자가
이 땅에서도 복을 받는다

이 땅에서 복을 받는 비결

열심을 품고 주님을 믿고 살아가는 것이 구원받은 하나님의 백성의 모습이라고 말할 수 있다(요 1:12, 6:47). 그러나 하나님의 자녀가 되고 영생을 얻는 것과 이 땅에서 기업이 있는 복을 누리는 것은 연관이 있으면서도 별개의 문제일 수 있다. 주님은 이 땅에서 복을 받는 비결에 대하여 다음과 같이 말씀하셨다.

온유한 자는 복이 있나니 그들이 땅을 기업으로 받을 것임이요.　마 5:5

온유한 자들이 하나님이 주시는 기업의 복을 이 땅에서 받게 된다는 말씀이다. 여기에서 땅은 본질적으로 새 하늘과 새 땅을 의미하지만(계 21장), 온유한 자는 이 세상에서도 땅을 차지하는 것 같은 기업의 복을 누릴 수 있다는 말씀이다.

아브라함은 조카 롯과의 사이에서 온유한 마음으로 생명과 같은 땅을 양보했다. 그런데도 아브라함은 가나안 땅으로 이끌림을 받았고 그 땅을 차지하게 되었다(창 13장). 나는 장로들과의 갈등이 있던 교회에서 끝까지 싸우지 않고 자의반 타의반으로 사표를 내고 2주 만에 나왔다. 위임목사임에도 다른 어떤 위로금이나 배상금도 없이 4년 5개월 재직한 퇴직금 명목으로 1,050만 원을 통장에 넣어 주는 대로 받고 나왔다.

노회 정치부에 장로님 두 분과 함께 사임서를 제출하러 가게 되었다. 나는 장로님 두 분을 내 차에 태우고 40분 이상 운전을 하여 노회사무실에 도착했다. 함께 노회 정치부원들 앞에서 사임서를 제출하고 장로님 두 분과 함께 식사를 하러 갔다. 이 모습을 보고 정치부원들이 하는 말이 "분쟁으로 사임서를 제출하러 오는 목사가 장로와 같은 차를 타고 오고 함께 식사하러 가는 경우는 처음 본다."고 했다. 나는 식사를 마치고 장로님 두 분을 차에 태우고 교회 마당에 내려 드렸다. 지금도 잘한 일이라고 생각한다. 그래도 나는 지금까지 개척교회를 하면서 많은 어려움 속에서도 굶거나 누구에게 도움을 받으면서 목회를 하지 않았다. 하나님이 때마다 복된교회 성도들을 통하여 교회 재정을 채워 주시는 은혜 가운데 지금까지 살아왔다.

이삭이 블레셋 그랄 땅에서 농사를 짓게 되었을 때, 흉년으로 온

대지가 다 말라 갈 때에도 이삭의 으물에는 물이 흘러 넘쳤다. 이러한 우물을 블레셋 사람들이 몇 번이고 빼앗았다. 그때마다 이삭은 온유한 마음으로 양보하면서 다른 우물을 팠는데 그곳에서도 물이 흘러 넘쳤다. 놀라운 사실은 다툼을 피하여 갈 때마다 더 넓고 좋은 땅, 더 차고 넘치는 우물이 기다리고 있었다는 것이다. 그리고 다툼을 피하면서 가는 길이 점점 더 가나안 땅으로 나아가는 길이었다는 것이다(창 26장).

온유한 자가 땅을 기업으로

온유한 자는 복이 있는데 그들이 하나님나라와 이 세상에서 복을 누린다. 여기서 온유로 번역된 헬라어 '프라에이스(πραεις)'는 처음부터 힘이 없어 약한 것이 아니라 오히려 생기와 활력이 넘치도록 강하지만 그 힘을 정신적, 물리적으로 절제할 수 있는 경우를 의미한다. 주님은 자신을 이렇게 온유하고 겸손한 자라고 말씀하셨다.

수고하고 무거운 짐 진 자들아 다 내게로 오라 내가 너희를 쉬게 하리라. 나는 마음이 온유하고 겸손하니 나의 멍에를 메고 내게 배우라 그리하면 너희 마음이 쉼을 얻으리니.　　　　　　　　　마 11:28-29

여기서 마음이 온유하다는 것은 마음이 겸손하다는 것을 의미한다.^(마 21:5)

사람들은 마음이 부드럽고 따뜻하고 온유한 사람을 좋아한다. 같은 재능, 기술, 능력을 가진 사람이라 하더라도 사회에서 원하는 사람은 온유한 마음을 가진 사람이다. 부드럽고 온유한 사람에게 친구가 있고 이웃이 있고 하나님이 주시는 복이 있다.

마태복음 5장 5절에서 "온유한 자들은 복이 있나니 그들이 땅을 기업으로 받을 것임이요."라는 말씀은 온유한 자가 궁극적으로 승자가 되어 이 땅에서 영적, 육적인 샬롬^(평화)의 삶을 누리게 된다는 말씀이다. 미국의 16대 대통령 에이브러햄 링컨(Abraham Lincoln)에게는 에드윈 스탠턴(Edwin Stanton)이라는 정적이 있었다. 그는 유명한 변호사였는데 링컨을 시골뜨기 변호사라고 무시한 적이 한두 번이 아니었다. 링컨이 대통령이 되자 스탠턴은 국가적인 재난이라고까지 말할 정도였다. 그런 스탠턴을 링컨은 국방장관에 임명을 했다. 참모들이 반대하자 링컨은 "그가 나를 무시한다 하더라도 그는 사명감이 투철한 뛰어난 인물이니 상관없다."고 말했다. 후에 링컨이 암살을 당하자 스탠턴은 통곡하면서 "여기 시대를 초월한 가장 위대한 대통령이 누워 있다."라고 하면서 안타까워했다.

이렇게 온유한 사람의 모습은 믿음의 선조들에게서도 찾아볼 수가 있다. 아브라함(창 13:5-9), 요셉(창 45:4-5), 모세(민 12:1-3), 다윗에게서도 온유한 모습을 찾아볼 수 있다(삼하 16:5-14). 주님께서도 이러한 온유한 모습을 보여 주셨다(벧전 2:21-23).

온유한 자가 의인

"온유한 사람은 복이 있다."는 말씀의 배경은 시편 37편이다(시 37:7-11). 박수암 교수는 『신약주석 산상보훈』에서 "온유한 사람이란 부드러운 마음과 태도를 가진 사람이라기보다는 이 세상에 하나님의 의가 실현될 것을 믿고 겸손하게 기다리는 사람"이라고 했다. 결론적으로 온유한 자에게 이 땅에서도 잘 되는 복이 주어진다는 것이다. 이렇게 온유한 자를 구약성경에서는 '의인'이라고 부르고 있다(시 37:25-26).

그러기에 이 땅에서 잘 되는 복을 누리기 원한다면 온유한 자의 모습으로 신앙생활을 해야 한다. 그래서 사도 바울도 골로새서 3장 23절에서 "무슨 일을 하든지 마음을 다하여 주께 하듯 하고 사람에게 하듯 하지 말라."고 했던 것이다. 이렇게 신앙 안에서 복을 받으며 살아가기 원한다면 결코 거칠고 매몰차고 비정하고 악하게 살면 안 된다. 성령의 열매인 사랑과 희락과 화평과 오래 참음과 자비와 양선과 충성과 온유와 절제의 열매를 맺으면서 살아가야 한다(갈 5:22-23).

의인에게도 신앙 1세대의 고난이

진정 복 받기를 원하는가? 자녀들과 집안이 잘 되기를 원하는가? 그렇다면 의인과 같은 온유한 자로 살아가려고 힘쓰고 애써야 한다. 그런데 이렇게 온유한 자로 살아가려고 힘쓰고 애쓰는 데에도 이 땅에서 크고 작은 어려움을 겪으며 힘들게 살아가는 경우가 있다. 이러한 경우는 부모가 믿음의 유산을 물려주지 못해서 자신이 직접 믿음의 유산을 심어 가야 하는 신앙 1세대에 해당되는 경우라고 볼 수 있다. 부모로부터 유산을 물려받지 못하면 결국 자신이 그것을 준비하는 과정을 거쳐야만 한다. 부모로부터 토지나 가옥을 물려받았으면 그것을 누리면서 더욱 풍성하고 여유로운 삶을 살면 된다. 그곳에서 심는 대로 거두는 복을 누리면서 평안히 행복하게 살아갈 수 있기 때문이다.

그러나 아무것도 물려받은 것이 없다면 어떻게 해야 할까? 먹지도 못하고, 자지도 못하면서, 힘쓰고 애쓰면서, 악착같이 벌면서 모아야 한다. 그래야 땅도 사고 집도 살 수 있기 때문이다. 먹고 살기도 힘든데 그것들을 산다는 것은 쉬운 일이 아니다. 그래서 일평생 먹고 쓰지도 못하고 고생만 하면서 기업을 일구어 가는 신앙 1세대의 삶을 살게 되는 것이다. 이것을 한 알의 밀알과 같은 신앙 1세대의 삶이라고 말할 수 있다(요 12:24).

의인에게 주어지는 두 종류의 삶

축복의 텃밭이 준비되어 있는 온유한 의인은 심는 대로 거두는 열매의 복을 누리면서 살아갈 수 있다. 하는 일마다 잘되는 복을 누리면서 살아갈 수 있다. 자신이 온유한 의인의 모습으로 살아가기만 하면 준비된 텃밭에서 복의 열매를 듬성히 누리면서 살아갈 수 있다.

그러나 이러한 믿음의 유산을 물려받지 못하고 준비도 되어 있지 않은 온유한 의인은 신앙 1세대의 한 알의 밀알과 같은 삶을 살아야만 한다. 그래서 일평생 힘쓰고 애쓰면서 살았어도 그 열매를 누리지 못하고, 보지도 못하고 주님 앞에 가는 사람들도 있다(히 11:36-40). 그러나 반드시 온유한 의인의 모습으로 살아가는 신앙 1세대의 자녀들은 그 믿음의 선조들이 준비한 축복의 텃밭을 누리면서 살아가게 되어 있다. 그러기에 이 땅에서의 복을 인간적인 눈으로 속단해서는 안된다. 성도들은 "주 안에서의 수고가 헛되지 않다."는 믿음을 가지고, 온유한 의인의 모습으로 일평생 변함없이 살아가려고 힘쓰고 애써야만 한다(고전 15:57-58).

선임과 후임이 가족같이

나는 원로목사님과 가족 같은 관계로 지내왔다. 목사님은 후임에게 누가 되지 않도록 세심하게 배려하면서 처신해 주셨다. 예배 시간에 축도가 끝나면 성도들보다 먼저 나가셔서 식사도 안하시고 사택으로 돌아가셨다. 성도들이 목사님에게 관심을 가지는 것이 후임 목사에게 도움이 안 된다고 생각하셨기 때문이다. 내가 소형 승용차(프라이드)를 타고 다닐 때 원거리를 갈 일이 있으면 피곤하다고 자신의 차(누비라)를 내어 주시곤 하셨다. 나도 이런 목사님을 아버지 같이 마음과 정성을 다해 모셨다. 월요일에는 거의 대부분 목사님과 함께 시간을 보냈다. 목사님 사택에 가서 차도 마시고, 함께 외출하여 드라이브도 하고, 이발을 하고 목욕도 했다. 멀리 타 지역으로 이사를 가신 다음에는 생신 때나 명절 때에는 우리 부부가 함께 찾아뵙곤 했다. 지금은 돌아가셨지만 그렇게 가족과 같이 좋은 관계로 지냈다.

하나님을 만나려면

삶의 현장에서의 공허함

사람들은 신앙생활을 하면서 삶의 공허함을 경험하기도 한다. 교회에서 예배를 드리고 기도를 드릴 때에는 하나님이 역사해 주실 것 같은 믿음과 확신을 가진다. 그러나 삶의 현장으로 돌아와 보면 아무것도 달라진 것이 없을 때가 많이 있다. 그래서 해결되지 않는 삶의 문제들이 마음을 무겁게 짓누르고 공허하게 만들기도 한다. 나도 이렇게 신앙과 삶의 경계선을 넘나들면서 많은 방황을 했다. 과연 하나님은 삶의 문제를 해결해 주실 수 있는 분이신가? 다른 사람들이 간증하고 있는 하나님을 나는 어떻게 만날 수 있을까? 이러한 갈등과 절박감을 누구든지 다 경험해 보았을 것이다. 어떻게 하면 살아 계신 하나님을 만나고 이러한 갈등과 절박감에서 벗어날 수가 있을까?

말씀 안에서 하나님을 만나야

그 비결은 하나님의 말씀을 붙들고 기도하면서 살아가는 것이
다. 요한복음 15장에는 포도나무의 비유가 나온다. 주님은 제자들에
게 열매를 맺는 방법에 대하여 말씀해 주셨다.

> 너희가 내 안에 거하고 내 말이 너희 안에 거하면 무엇이든지 원하는 대
> 로 구하라 그리하면 이루리라.　　　　　　　　　　　　　　　7절

나는 이 말씀에 근거하여 말씀이 곧 하나님이시고 능력인 것을
삶 속에서 경험하게 되었다. 요한복음 1장 1−2절은 이것을 분명하게
말씀하고 있다.

> 태초에 말씀이 계시니라 이 말씀이 하나님과 함께 계셨으니 이 말씀은
> 곧 하나님이시니라. 그가 태초에 하나님과 함께 계셨고.

말씀 안에서 43일 공부하여 대학에

내가 군 복무를 마치고, 다니던 직장을 사직하고, 정확히 43일
공부하여 대학에 들어갈 수 있었던 것도 말씀을 붙들고 기도했기 때
문이라고 확신한다. 그때 붙들고 기도했던 말씀이 바로 야고보서 1장

5-8절 말씀이다.

> 너희 중에 누구든지 지혜가 부족하거든 모든 사람에게 후히 주시고 꾸짖지 아니하시는 하나님께 구하라 그리하면 주시리라. 오직 믿음으로 구하고 조금도 의심하지 말라 의심하는 자는 마치 바람에 밀려 요동하는 바다 물결 같으니, 이런 사람은 무엇이든지 주께 얻기를 생각하지 말라. 두 마음을 품어 모든 일에 정함이 없는 자로다.

말씀 안에서 15일 준비하여 신학대학원도

나는 신학대학원에 들어갈 때에도 말씀을 붙들고 기도했다. 대학 졸업반이 되어 학기말 시험을 마치니 12월 5일이었다. 12월 20일에 신학대학원 시험이 있었다. 그때 15일 동안 붙들고 기도한 말씀이 바로 마태복음 11장 12절이다.

> 세례 요한의 때부터 지금까지 천국은 침노를 당하나니 침노하는 자는 빼앗느니라.

"다 같이 주님의 종이 되겠다고 신학대학원 시험에 임하는 데 결국 실력대로 합격하는 것이 아닌가?"하는 강한 의심과 불안감이 밀려

왔다. 나는 대학교 1학년 때에 결혼을 하여 가정을 이루고, 개척 교회를 섬겼기에 학업에 충실하지 못했다. 스스로 아무리 생각을 해 봐도 합격할 실력이 되지를 않았다. 그러나 믿음으로 말씀을 붙들고 기도하면서 최선을 다했다. 이렇게 시험을 준비한 나에게 하나님께서는 입학성적우수 장학생으로 3년 동안 학비 걱정 없이 신학대학원에 다닐 수 있도록 넘치는 은혜를 베풀어 주셨다.

말씀 안에서 7일 준비하여 세계선교대학원도

내가 세계선교대학원에 입학을 하게 되었을 때에도 당시에 52명의 학생들이 시험에 응시를 했는데 그중에서 12명이 합격을 했다. 나는 신학대학원을 졸업한지도 7년이나 지난 때였다. 신학대학원을 졸업을 하자마자 바로 시험에 임하는 후배들이 대부분이었다. 나는 그때에도 위에서 언급한 말씀들을 붙들고 기도했다. 말씀을 붙들고 기도하면서 낮에는 부목사로 사역을 하면서 밤에는 늦게까지 전공과목과 신학영어 단어를 외웠다. 그런데 너무 과로한 탓이었는지 그만 콧물감기가 깊게 오고 말았다. 눈물과 콧물을 주체할 수가 없었다. 이러한 나를 위하여 아내는 시험 당일에 시험 시간표에 맞춰서 간절히 기도해 주었다. 아내는 그때 신기하게도 기도하는 중에 "내가 쓰고 있는 영어 시험지가 보였고, 내가 썼다가 고쳤다가 하는 환상을 보았다.”고 했다. 나는 이렇게 일주일 동안을 말씀을 붙들고 기도하면서 시험을 준비했고 12명 정원 안에 들어가게 되었다.

살아 계신 하나님을 만나려면

살아 계신 하나님을 만나려면 말씀을 만나야만 한다. 하나님이 주신 말씀을 붙들고 기도해야만 한다. 하나님의 말씀은 누구에게나 보편적으로 주어지는 로고스(λόγος, 신약성경에 330회 기록되어 있다. 계 1:3, 9, 20:4, 22:18; 눅 24:19, 4:32; 요 1:1, 14, 2:22; 히 4:12 외)의 말씀이 있다.

그리고 특별히 성령님의 역사 속에서 하나님이 만나 주시고 역사해 주시는 레마(ῥῆμα, 신약성경에 68회 기록되어 있다. 눅 2:17, 5:5, 7:1; 롬 10:17; 마 26:75, 4:4; 엡 6:17; 요 6:63, 68; 행 2:14 외)의 말씀이 있다 믿음 안에서 역사하시는 하나님은 레마의 말씀 안에서 역사하신다. 그러기에 하나님의 말씀이 내 마음속에서 살아 역사해야만 한다. 그러면 능력이 나타나고 기적이 일어난다. 예언기도나 기도원을 찾지 않아도 말씀을 묵상하면서, 강단에서 선포되는 말씀을 들으면서 레마의 하나님을 만나면 된다. 레마의 말씀을 만나지 못하면 공허함과 갈등에서 벗어날 수가 없다.

기도하기 가장 좋은 곳은 자신이 섬기는 교회이다. 하나님을 만나는 가장 건강하고 온전한 곳도 자신이 섬기는 교회의 강단이다. 하나님이 가장 사랑하시는 곳은 주님이 피값으로 사신 교회이다. 그리고 그 교회를 맡아 목양하는 담임목사를 하나님은 가장 귀히 여기시고 사랑하신다.

공부는 말씀 안에서 집중과 반복으로

특별히 공부하는 학생들에게는 이러한 믿음의 확신 위에서 좀 더 노력해야 할 것들이 있다. 그것은 집중과 반복이다. 집중하면서 요점을 잘 정리하고, 그 내용을 7번 이상 암기하면서 반복해야 한다. 그러면 중요한 핵심이 보인다. 중요한 핵심들이 보이면 다른 것들은 자연스럽게 연결된다. 공부는 시간이 많다고, 책상에 오래 붙어 있다고 되는 것이 아니다. 집중과 반복이다. 아무리 뜨거운 햇빛이라 하더라도 종이를 태울 수는 없다. 그러나 작은 돋보기로도 빛을 모으면 종이도 태울 수가 있다.

그리고 잠을 충분히 잘 자야 한다. 그래야 집중도 잘 되고 기억도 잘 되기 때문이다. 기억은 밤에 잠을 잘 때 낮에 암기한 것들이 입력이 된다고 한다. 잠을 줄이려고 하지 말고 의미 없이 허비하고 분산되는 시간을 줄여야만 한다. 또한 과일과 단백질 등 건강식으로 몸에 에너지를 보충해 주고, 알맞게 운동을 하면서 체력을 잘 관리해야만 한다.

이렇게 잘 먹고, 잘 자고, 알맞게 운동을 하면서, 집중하고 반복하면 공부는 하나님이 축복해 주신다. 공부에도 비둘기 같은 순결함과 뱀 같은 지혜로움이 필요하다(마 10:16).

제3장

신앙 안에서 살아가기

신앙생활은 구원받은 하나님의 백성이
하나님의 사랑과 복을 받을 만한 모습으로
힘쓰고 애쓰는 것이어야만 한다.

신앙생활은 하나님을 인격적으로 대하는 것

하나님을 인격적으로 대하는 신앙생활

다윗은 하나님을 최고로 모시고 신앙생활을 했다. 그래서 자기 자신이 이스라엘 통일왕국의 왕이 되어 화려한 왕궁에 거할 때 마음이 편치가 않았다(삼하 7:1-2). 하나님의 전이 자신이 거하는 궁전과 비교해 볼 때 너무도 초라하게 생각되었기 때문이다. 그래서 다윗은 하나님의 전을 성대하게 짓고자 하는 원대한 기도의 제목을 가지고 평생을 준비하면서 살았다.

교회에 나오지 않는 남편을 두고 있는 여자 성도들이 가끔씩 "남편 눈치를 보는 것이 하나님 눈치를 보는 것보다 더 힘들다."는 하소연을 하는 경우가 있을 수 있다. "신앙생활을 하면서 남편이 얼마나 신경 쓰였으면 저렇게까지 말할까?" 하는 연민의 마음이 들기도 한다. 그런데 곰곰이 생각해 보면 뭔가 석연치가 않다. 과연 남편과 하나님이 비교의 대상이 될 수 있단 말인가? 눈에 보이지 않는 하나님이라고 눈에 보이는 사람보다 홀대해서는 안 될 것이다.

신앙생활이란 무엇인가? 신앙생활은 어떠한 마음과 자세로 해야 하는가? 신앙생활은 하나님을 인격적으로 대하면서 사는 것이다. 눈에 보이지 않는 하나님이시지만 눈에 보이는 것 같이 그렇게 인격적으로 대하면서 사는 것이 신앙생활이다. 예배를 드리고 기도하고 봉사하고 헌신하고 충성하는 모든 것들이 눈에 보이지 않는 하나님을 인격적으로 대하고 사랑하는 신앙의 행위들이다. 잠언서 8장 17절에 "나를 사랑하는 자들이 나의 사랑을 입으며 나를 간절히 찾는 자가 나를 만날 것이니라."라는 말씀이 있다. 하나님을 인격적으로 대하는 자에게 하나님께서도 인격적으로 대해 주시겠다는 약속의 말씀이다. 이렇게 하나님께서는 인격적으로 하나님을 대하는 자들을 찾으신다. 이러한 자들에게 하나님께서는 은혜와 복을 약속해 주셨다.

> 이는 나를 사랑하는 자가 재물을 얻어서 그 곳간에 채우게 하려 함이니라.
>
> 잠 8:21

하나님이 원하시는 것

하나님께서 성도들에게 가장 원하시는 것이 무엇일까? 그것은 성도들이 하나님을 인격적으로 대하는 것이다. 신앙생활에 있어서 모든 것들이 다 중요하다. 봉사도, 기도도, 헌금생활도, 전도도, 친교도 다 중요하다. 그러나 가장 중요한 것은 하나님을 인격적으로 대하면서 살아가는 마음과 자세이다. 이스라엘 백성이 하나님을 슬프게 했던 부분이 바로 이것이다. 하나님을 비인격적으로 대하면서 다른 것들에 열심을 낸 것이다(말 2:17, 3:13-15). 하나님께서는 이스라엘 백성으로부터 인격적인 대우를 받기를 원하셨다(말 1:6-8). 주님께서도 타성에 젖은 비인격적인 자들을 향하여 마태복음 23장 23절에서 "화 있을진저 외식하는 서기관들과 바리새인들이여 너희가 박하와 회향과 근채의 십일조는 드리되 율법의 더 중한 바 정의와 긍휼과 믿음은 버렸도다 그러나 이것도 행하고 저것도 버리지 말아야 할지니라."라고 질책하시는 말씀을 하셨다. 그들에게서 주님을 인격적으로 대하고 사랑하는 마음과 정성을 찾아보기가 어려웠기 때문이다.

하나님을 기쁘시게 해 드리는 방법은 육신의 생각을 내려놓고 성령님께서 이끄시는 하나님의 법에 순복하고 결단하는 것이다. 이것이 하나님을 인격적으로 대하며 성령님을 소멸치 않고 모셔 들이며 사는 비결이다. 사도 바울은 이렇게 살아가려고 하는 성도들을 향하여 하나님의 아들이라고 했다(롬 8:5-14). 이것이 하나님을 인격적으로 대하면서 살아가는 성도의 모습인 것이다.

하나님의 계명을 지키며 사는 자

그러면 하나님을 인격적으로 대하고 사랑하는 구체적인 삶은 어떤 것일까? 그것은 하나님의 계명을 지키면서 사는 것이다(요 14:21). 하나님을 연애시절에 애인 대하는 것 같이만 대할 수 있다면 놀라운 하나님의 사랑을 받게 될 것이다. 하나님을 아내나 남편을 대하는 것 같이만 대할 수 있다면 놀라운 하나님의 은혜를 누리게 될 것이다. 하나님을 자기 자식 생각하듯 그렇게 끔찍이 대할 수만 있다면 하나님이 주시는 놀라운 복을 누리면서 살아갈 수 있게 될 것이다.

복 받을 만한 신앙생활을 하라
신앙생활을 하면서 삶의 우선순위를 생각해 볼 떠 하나님을 인격적으로 대하는 것과 자신의 욕심과 유익을 추구하는 것 사이에서 갈등헜거나 갈등할 만한 일들이 있다면 기록해 보고 어떻게 선택하고 행동해야 할지 정리해 노라.

○

복 받을 만한
신앙생활을 해야 한다

미꾸라지 같은 교인들

요즘에는 교회출석하면서 서리집사가 아닌 교인들이 별로 없다. 주변에 교회 다니는 것 같아 물어보면 장로나 집사나 권사인 경우가 대부분이다. 지금까지 희생과 헌신적인 신앙으로 하나님의 나라와 교회를 위하여 힘쓰고 애쓴 분들이 참으로 많이 있다. 그분들의 사랑과 헌신과 희생을 통하여 오늘의 기독교가 존재해 온 것이다. 그런데 일각에서는 미꾸라지 한 마리가 온 웅덩이를 흙탕물로 만들어 버리듯이, 하나님의 영광과 교회에 흙탕물을 일으키는 교인들을 보게 된다. 교회와 성도들을 위한다고, 잘못된 것을 바로 잡는다고, 열심을 낸다는 핑계로 해서는 안되는 언행심사를 스스럼없이 자행하는 것이다. 성경은 이러한 교인들을 불의의 무기, 사탄의 일꾼으로 표현하고 있다(롬 6:13; 고후 11:13-15). 그래서 자칭 '이 시대의 사명자'라고 자처하는 교인들 때문에 다른 성도들이 실족하고, 교회가 분열되고, 성도들이 교회를 떠나게 되는 경우들을 보게 된다.

무지의 소치

이러한 일들이 일어나는 원인 중에 가장 중요한 것은 신앙생활이 무엇인지를 바로 알지 못하는 무지 때문이다. 일평생 힘쓰고 애쓰면서 신앙생활을 해 왔는데 정말 신앙생활이 무엇인지를 바로 알고서 하고 있는지 의심스러울 때가 많이 있다. 하나님이 계시다는 사실을 믿는다면 그렇게까지 말하고 행동하지는 않을 것이다. 하나님이 주실 칭찬과 상급을 확신하고 사모한다면 그렇게까지 세상적인 것들을 추구하고 욕심내는 불의한 모습으로 살지는 않을 것이다. 겉과 속이 다른 양의 탈을 쓴 늑대와 같은 모습을 보는 것 같아 안타까울 뿐이다(마 7:15). 어떻게 기도하면서 싸우고, 찬송하면서 싸우고, 철야하면서 싸우고, 예배드리면서 싸우고, 봉사하면서 싸우고, 열심을 내면서 싸울 수가 있단 말인가?

늑대보다는 멋진 성도

늑대는 먹잇감을 공격할 때에도 약하게 보이는 것을 공격하는 것이 아니라 그중에서도 가장 날렵하고 강하게 보이는 것을 공격한다고 한다. 늑대도 이러한데, 지도자라면 강자 앞에서는 당당하고 약자 앞에서는 관용을 보일 수 있어야만 할 것이다. 주님께서도 약자들 앞에서는 한 없이 약하셨고, 강자들 앞에서는 "독사의 자식들아!" 하시면서 강하게 대하셨던 것을 마태복음 23장 33절에서 볼 수 있다.

열심보다도 방향성

아무리 열심을 다해 신앙생활을 한다 하더라도 그 방향성이 잘못되면 큰 문제가 생기게 된다. 엄청난 속도로 차량이 달려가도 서울로 가야 하는데 반대 방향인 부산으로 간다면 달리는 만큼 문제가 더욱 심각해진다. 이렇게 신앙생활은 열심보다도 그 방향성이 중요한 것이다.

신앙생활은

신앙생활은 하나님 앞에서 복 받기 위하여 힘쓰고 애쓰는 것이다. 이 세상과 하나님나라에서 누릴 칭찬과 상급을 위하여 수고하고 힘쓰고 애쓰는 것이다. 하나님으로부터 칭찬과 상을 받을 만한 모습으로 살아가는 것이다. 그러기에 "우리가 주님 앞에 갔을 때 무슨 소리를 들을 것인가?"를 생각하면서 신앙생활을 해야만 한다(마 7:21-23). 신앙생활은 이렇게 주님을 영접한 성도들이 주님 안에서 살아가는 믿음의 삶을 의미한다. 그러기에 신앙생활은 구원을 받기 위하여 힘쓰고 애쓰는 것이 아니다. 구원을 완전하게하기 위하여 힘쓰고 애쓰는 것도 아니다.

그러면 왜 구원받은 성도들이 신앙생활에 힘쓰고 애써야만 하는가? 그것은 바로 하나님의 자랑과 기쁨이 되는 모습으로, 칭찬과 상급을 누리며, 영원한 천국 백성으로 살아가기 위해서이다. 그리고 성경말씀대로 하나님을 사랑하고 이웃을 사랑하며 살기 위해서이다. 그러기에 신앙생활이란 구원받은 성드들이 하나님이 복 주실 만한 모습으로 살아가는 것이다. 하나님을 기쁘시게 해 드리고, 하나님의 사랑과 주시는 복을 넘치도록 받기 위하여 힘쓰고 애쓰는 것이다. 다른 사람들에게 이러한 사랑과 복을 나누어 주고, 풍성하게 하고, 생명을 불어넣어 주기 위하여 힘쓰고 애쓰는 것이다.

성도들은 하나님으로부터 복 받을 만한 모습으로 살아가야만 한다. 평생 수고하고 애쓰는 신앙생활에 상급도 없고, 칭찬도 없고, 믿음의 유산도 없다면 얼마나 안타까운 일이겠는가? 헛수고가 아닐 수 없다. 바리새인과 사두개인은 일평생 신앙생활에 힘썼다. 그런데도 주님으로부터 어떠한 말을 들었는가? "독사의 자식들아! 회칠한 무덤과 같은 자들아! 회개하라."는 말이었다.

공력이 나타나는 구원

고린도전서 3장 12-15절 말씀을 보면, 구원에는 두 종류의 구원이 있음을 알 수 있다. 마지막 날 심판대 앞에서 금과 은과 같은 공력이 나타나는 자랑스러운 구원이 있다. 아브라함, 다윗, 바울과 같은 믿음의 선조들이 순교의 피를 흘리면서 헌신하고 희생하며 살다 간 믿음은 자랑스러운 구원에 이르는 믿음이다. 불 가운데에서 공력이 나타나는 것과 같은 신앙생활이기 때문이다. 하늘의 상급이 있고, 주님의 칭찬이 있고, 자자손손 믿음의 유산이 있는 자랑스러운 구원이다.

그러나 마지막 날 심판대 앞에서 부끄러운 구원도 있다. 주님과 함께 십자가를 진 강도의 구원은 부끄러운 구원이다. 불 가운데서 아무런 공력도 나타나지 않기 때문이다. 그는 회개하는 믿음으로 구원을 받았다. 그러나 상급을 기대하기는 어렵다. 겨우 자기 자신만 구원을 받은 부끄러운 구원이기 때문이다.

그러기에 공력이 나타나는 자랑스러운 구원을 이루어가는 성도들이 되어야만 한다. 상급이 있고 칭찬이 있고 믿음의 유산과 복이 있는 자랑스러운 구원을 이루어가는 성도들이 되어야만 한다.

복 받을 만한 신앙생활

복 받을 만한 신앙생활은 하나님이 기뻐하시고 즐거워하시도록 살아가는 것이다. 하나님과 이웃을 내 몸과 같이 사랑하며 사는 것이다(마 22:37~40). 교회를 위하여 믿음의 선조들과 같이 한 알의 밀알과 같은 삶을 살아가는 것이다. 다른 사람들을 위하여 다윗과 같은, 선한 사마리아 사람과 같은 삶을 살아가는 것이다.

소제와 같은
신앙인격

후덕한 신앙인격으로

우리가 눈에 보이지 않는 하나님을 얼마나 인격적으로 사랑하며 대하고 있는가를 알려면 눈에 보이는 주님의 종들과 교회를 어떻게 대하고 있는가를 보면 알 수 있다. 그래서 성경은 골로새서 3장 23-24절에서 "무슨 일을 하든지 마음을 다하여 주께 하듯 하고 사람에게 하듯 하지 말라. 이는 기업의 상을 주께 받을 줄 아나니 너희는 주 그리스도를 섬기느니라."라고 말씀하신 것이다. 주님을 섬기고 주님의 피값으로 사신 교회를 섬기고자 한다면 선하고 후덕한 신앙인격으로 섬겨야만 한다. 이러한 모습과 자세를 보여 주는 것이 바로 이스라엘 백성이 하나님께 제사를 드렸던 5대 제사 중에 하나인 소제의 제사였다.

소제의 제사

히브리어로 소제를 '민하(מנחה)'라고 하는 데 이것은 '선물'이라는 의미를 가지고 있다. 바로 소제는 하나님의 백성이 하나님을 사랑하는 표시로 드리는 선물로써의 헌신의 삶을 의미한다. 즉 소제는 구원받은 성도가 주님과 교회를 위하여 감사의 예물을 드리는 것과 같은 봉사와 수고와 헌신의 신앙생활을 의미한다. 오늘 우리 성도들이 살아가는 신앙생활과 교회생활, 순종과 헌신의 삶은 바로 이러한 소제의 제사요 하나님께 드리는 선물의 삶인 것이다. 하나님을 사랑하는 마음이 넘치는 성도는 하나님께 드리는 예배와 헌신의 시간, 봉사, 순종, 물질 등이 아깝게 생각되지 않는다. 이러한 소제(레 2:1-16)는 다음과 같은 의미를 가지고 있다.

첫째로 소제의 예물은 거친 가루가 아닌 고운 가루로 드리라고 하셨다. 고운 가루는 하나님께 헌신의 선물을 드리는 성도의 고운 심성, 부드러운 마음, 고상하고 후덕한 신앙인격을 의미한다. 사람과의 관계에서 모나지 않고, 걸림돌이 되지 않고, 융화하고 화합할 수 있는, 주님의 모습을 닮아가는 신앙인격으로 살아가는 것을 의미한다. 주님은 이러한 신앙인격에 대하여 8복의 가르침 속에서도 온유한 자의 모습으로(마 5:5), 화평케 하는 자의 모습으로(마 5:9) 말씀하셨다.

둘째로 예물 위에 기름을 부으라고 하셨다. 기름은 성령님의 사역을 의미한다(마 3:16-17; 눅 4:18; 행 1:8; 약 5:14). 주님과 교회를 위한 봉사와 헌신의 삶은 말씀 충만, 기도 충만, 은혜 충만, 성령 충만할 때 가능하다. 그래서 말씀 안에서, 기도 안에서, 성령님 안에서 변화된 모습으로 살아가야만 하는 것이다(갈 5:19-26).

셋째로 고운 가루에 기름을 붓고 또 그 위에 유향을 놓으라고 하셨다. 향은 기도를 의미한다(계 5:8). 기도는 성도들이 하나님을 사랑하고 주님이 주시는 사명을 감당케 하는 힘의 원천이다. 주님은 겟세마네 동산에서 기도하셨기에 하나님의 뜻을 이루어 가실 수가 있었다. 이렇게 기도는 성도들이 주님의 일을 감당하기 위하여 필요한 능력의 도구가 된다.

어린 아들이 길을 막고 있는 큰 돌덩이를 움직이기 위하여 애를 쓰고 있었다. 아버지는 어린 아들에게 다가가 "최선을 다하라."고 말했다. 어린 아들은 더욱 힘을 써 보았다. 그러나 큰 돌덩이는 꿈쩍도 하지 않았다. 그래도 아버지는 아들에게 "포기하지 말고 끝까지 최선을 다해야 한다."라고 말해 주었다. 아들은 다시 한 번 모든 힘을 다 써 보았지만 여전히 돌덩이는 움직이지를 않았다. 그때 아버지가 아들에게 이렇게 말했다. "아들아, 너는 아직도 최선을 다하지 않았다.

이 아버지에게 부탁을 하지 않았기 때문이다." 그러면서 아버지는 그 큰 돌덩이를 번쩍 들어 다른 곳으로 옮겨 놓았다. 기도는 이런 것이다. 성령님의 기름부음의 역사가 바로 이런 것이다.

넷째로 이제 고운 가루 조금과 기름과 유향을 기념물로 단 위에 불사르고 향기로운 냄새로 여호와께 화제를 드리라고 하셨다. 화제는 제단에 각을 떠서 올린 제물이나 곡식을 불에 태워 향기로운 냄새를 피우며 드리는 제사의 방법이다. 이러한 향기로운 냄새를 피워 올려 드리는 화제의 제사는 하나님께 드려지는 예물, 충성, 봉사, 선행, 구제와 같은 것들이 향기로운 냄새가 나는 것 같이 그렇게 은혜롭고 감동적이어야 한다는 것이다(고후 2:14-16).

다섯째로 소제물의 남은 것들은 아론과 그 자손에게 돌려야 하는 지극히 거룩한 것이라고 말씀하셨다. 하나님을 사랑하는 성도라면 눈에 보이지 않는 하나님과 눈에 보이는 주님의 종들과 교회를 하나님 같이 사랑하는 삶을 살아야만 한다. 누군가는 교회를 섬기고 세워나가야 하나님의 나라가 세워지고 확장되기 때문이다. 여기에서 성도의 확고한 신앙관과 교회관, 책임감과 리더십이 요구된다. 눈에 보이는 교회와 주님의 종들과 성도들을 사랑하고 섬기고 아낄 줄 알아야만 한다(갈 6:6-10). 이것이 바로 눈에 보이지 않는 하나님을 사랑하고 섬기는 소제와 같은 신앙생활이기 때문이다.

충성스러운 믿음이란

소유가 아니라 존재

현대 사회심리학의 거장이었던 에리히 프롬(Erich Fromm)은 그의 저서 『소유냐 삶이냐』에서 인간을 규정하는 것은 소유가 아니라 삶 즉 존재 자체라고 했다. 하나님으로부터 멀어진 현대인들은 '사람들이 무엇을 얼마나 소유했는가?'에 따라 평가하려고 한다. 그러나 더욱 중요한 것은 '자신이 어떠한 존재로 살아가고 있느냐?'하는 것이다. 그래서 인생의 문제를 심각하게 생각한 J. S. 밀(Mill)은 "행복한 돼지보다 불행한 소크라테스가 되기를 원한다."라고 말했다.

아담과 하와

에덴동산에 있었던 아담과 하와는 많은 것들을 소유하고 있었다. 그러나 그들은 "이것들을 어떻게 관리하며 살 것인가?"에 대한 관심보다는, 더 많은 것들을 소유하고자 하는 욕심 때문에 결국에는 비참한 죄악의 결말을 맞이하고 말았다. 야고보서 1장 14-15절에서는 이것을 분명하게 말씀하고 있다.

희망은 죄가 아니다. 많이 소유하는 것도 결코 죄가 될 수 없다. 그러나 희망이 탐심으로 바뀌고 소유가 목적이 되어 버리면 죄와 사망이 들어오게 된다. 그래서 '희망과 소유를 향해서 한걸음씩 어떠한 자세로 살아가느냐?'하는 것이 중요하다. 이러한 것들을 추구하는 과정과 삶에 더 의미가 있기 때문이다.

삶 속에서 보여 주는 믿음

여기에서 '믿음이라는 것이 무엇인가?'에 대하여 생각해 보아야 한다. 믿음이란 무엇일까? 믿음의 대상은 하나님이시다. 이러한 믿음을 가지고 살아가야 하는 존재가 바로 하나님의 자녀들인 성도들이다. 이렇게 '하나님을 향한 믿음을 가진 성도들이 삶 속에서 어떻게 살아가느냐?'가 바로 믿음이 있는 성도의 모습인 것이다. 이것을 성경은 '행함으로 의롭게 되는 믿음'이라고 말씀하고 있다(약 2:14-26).

믿음이란 성도들이 삶 속에서 하나님과의 신실한 관계와 정체성을 보여 주는 것이다. 그래서 삶 속에서 보여 주는 믿음이 아니면 진정한 믿음이라고 말할 수가 없다. 믿음은 반드시 삶 속에서 그 진가를 보여 줄 수 있어야 한다.

이러한 믿음이 충성이라는 단어로 번역되기도 했다. 신약성경에서 '믿음'이라는 단어와 '충성'이라는 단어는 헬라어 원어로는 다같이 '피스토스(πιστός)'라는 단어를 쓰고 있다. 그런데 번역을 할 때에 믿음 또는 충성으로 번역을 한 것이다. 그러기에 믿음과 충성이라는 단어는 같은 의미를 가지고 있다. 이렇게 믿음과 충성으로 번역된 피스토스라는 단어는 '믿을 만한, 맡길 만한, 변함없는, 신실한'이라는 의미를 가지고 있다. 그러기에 충성스러운 믿음이란 하나님 보시기에 믿을 만하고 맡길 만하고 변함없고 신실한 모습으로 살아가는 것이다.

이러한 의미에서 믿음 있는 사람의 삶 속에는 신앙의 윤리성과 성품의 인격화, 확고한 신앙관과 교회관 그리고 책임감과 리더십이 있어야만 한다. 이러한 것들이 갖추어진 믿음이 바로 '행함이 있는 믿음'이다. 행함이 있는 믿음이란 빛과 소금된 모습으로 하나님께 영광을 돌리는 삶을 의미한다(마 5:13-16).

진실한 믿음, 행함이 있는 믿음, 살아 있는 믿음, 하나님이 기뻐하시는 믿음은 바로 충성스러운 믿음이다. 이러한 충성스러운 믿음은 짧고 굵게 살다가 가는 믿음이 아니라 하나님이 보실 때에 믿을 만하고 맡길 만하고 변함없고 신실한 모습으로 살아가는 행동하는 믿음을 의미한다. 그러기에 믿음이 있다고 말하는 성도들의 삶에는 반드시 신실하고 책임감 있는 모습이 보여야만 한다. 하나님과 사람들 앞에서 그리고 교회 앞에서 사명감을 가지고 신실하게 책임감 있게 살아가는 것이 바로 믿음이요 충성이기 때문이다.

입으로만 "주여! 주여!" 하는 것이 아니라 하나님의 뜻대로 살려고 힘쓰고 애써야 한다. 하나님을 사랑하고 이웃을 사랑하는 삶을 실천하려고 힘쓰고 애쓰는 삶을 살아야만 한다. 하나님의 나라와 교회를 세워 나가기 위하여 십자가를 지고 나아가는 삶을 살아가는 것이 바로 충성스러운 믿음이다. 이렇게 삶 속에서 살아가는 충성스러운 믿음의 사람은 다음과 같은 것들을 소중하게 생각하면서 살아가야 한다.

시간에 충성

시간에 충성스러운 성도가 되어야 한다. 처음이나 나중이나 믿을 만하고 맡길 만하고 변함없고 신실한 성도의 모습으로 살아가야 한다. 가룟 유다는 처음에는 열심이 있는 장래가 촉망되는 제자였다. 그러나 끝까지 주님을 따르는 일에 있어서는 믿음이 실족하고 말았다. 성도들은 처음이나 나중이나 시간이 지나도 변함없는 충성스러운 믿음으로 살아가야 한다.

환경에 충성

환경에 충성스러운 성도가 되어야 한다. 좋을 때, 신날 때, 남이 알아줄 때 열심히 못할 사람은 없다. 그런 때에는 누구든지 무슨 일이든지 잘할 수 있다. 그러나 힘들고 어려울 때에도, 모이지 않고 협조하지 않을 때에도, 외롭고 고독할 때에도 사명의 자리를 감당하면서 살아간다는 것은 결코 쉬운 일이 아니다. 주님께서는 십자가의 극한 상황 속에서도 끝까지 자신과 싸우시며 하나님과의 신의를 지키셨다. 이렇게 자신과 싸워 이기고 사명의 자리를 지킨다는 것은 참으로 어렵고 위대한 일이다. 이것은 충성스러운 믿음의 성도만이 할 수 있는 일이다.

일의 양에 충성

일의 양에 있어서 충성스러운 성도가 되어야 한다. 큰일, 유명한 일, 이름나는 일, 얼굴 알려지는 일, 이런 일에 힘내서 열심히 못할 사람은 없다. 그러나 작은 일, 사소한 일, 이름도 없고 빛도 없는 일에도 정성을 다해 최선을 다할 수 있는 사람은 참으로 충성스러운 믿음의 성도이다.

우리 모두는 그리스도의 일꾼이요 하나님의 비밀을 맡은 청지기들이다(고전 4:1). 그러기에 주님이 보실 때에 처음이나 마지막이나, 믿을 만하고 맡길 만하고, 변함없고 신실한 충성스러운 믿음의 성도로 살아가야 한다. 이렇게 살아가는 성도가 충성스러운 믿음을 가지고 복되게 살아가는 하나님의 자녀들인 것이다.

반석 위에
지어 가는 신앙생활

주님은 우리 인생과 신앙생활의 집을 반석 위에 지으라고 마태복음 7장 21-27절에서 말씀하셨다. 주님의 말씀과 뜻대로 살아가는 인생과 신앙생활은 반석 위에 지은 집과 같이 안전하다는 것이다. 그러나 주님의 말씀과 뜻을 저버리고 자기 좋을 대로 살아가는 삶은 마치 모래 위에 지은 집과 다를 바가 없다는 것이다. 비가 내리고 바람이 불면 무너지기 쉬운 집과 같이 위태로운 인생일 수 있다는 경고이다.

우리가 살아가는 인생과 신앙생활의 집은 안전하고 아름답고 안락하게 지어져야만 한다. 그러기 위해서는 믿음 안에서 하나님의 말씀대로 살아가야 한다. 그래야 이 땅에서 행복하고 성공적인 복된 인생을 살아갈 수 있기 때문이다(시 127:1). 그러면 어떻게 해야만 안전하고 아름답고 안락하고 복된 인생과 신앙생활의 집을 지어갈 수 있을까?

첫째, 좋은 집을 지으려면 가장 먼저 분명한 목적이 있어야만 한다

살림집인지 상가인지 분명한 목적이 있어야 한다. 인생과 신앙 생활도 마찬가지다. "왜 살고 있는지? 무엇을 위하여 살아가야 하는 지?"에 대한 분명한 가치관과 인생관과 신앙관과 사명감을 가지고 살아가야 한다. 우리는 하나님을 영원토록 즐거워하며 하나님의 영광을 위하여 살아가도록 하나님의 형상을 따라 지음 받은 하나님의 피조물이다(사 43:21; 창 1:27). 그러기에 우리는 이 땅에서 사는 동안 이러한 소명과 사명을 분명히 인식하고 목적이 있는 삶을 살아갈 수 있어야만 한다. 그것은 그리스도의 향기를 발하고(고후 2:15), 생명의 냄새를 발하며(고후 2:16), 빛과 소금된 모습으로(마 5:13-16) 하나님께 영광을 돌리며 사는 삶이다.

둘째, 집을 지을 용도와 목적이 세워지면 전문가의 지도를 받으면서 설계도를 만들어야 한다

완벽한 설계도가 만들어질수록 좋은 집이 될 수 있다. 그러면 우리가 살아가는 인생과 신앙생활의 설계도는 무엇일까? 당연히 완벽하고 온전한 하나님의 말씀이다. 하나님은 우리 인생을 계획하시면서 아주 세밀한 설계도를 만들어 주셨다. 그것이 바로 성경말씀이다. 이 말씀 안에 하나님의 생각과 계획하신 모든 것들이 다 들어 있다.

그래서 하나님을 만나려면 성경말씀을 만나야만 한다. 말씀이 곧 하나님이시기 때문이다(요 1:1-3). 성경에 기록된 하나님의 말씀이 우리가 지어 가야 할 인생과 신앙생활의 설계도인 것이다(마 7:24).

셋째, 목적과 설계도가 나오면 건축을 책임질 훌륭한 기술자를 선정해야 한다

어떤 기술자가 선정되느냐에 따라 부실공사가 될 수도 있고 훌륭한 건축물이 될 수도 있다. 그러면 우리 인생과 신앙생활의 집을 지어 가는데 어떤 기술자를 선정해야 할까? 당연히 우리 인생과 신앙생활의 건축업자로 성령님을 모셔야만 한다. 성령님은 우리의 모든 사정을 가장 잘 아시는 최고의 기술자이시기 때문이다(롬 8:26-27). 우리는 우리와 비교할 수도 없는 전지전능한 능력과 사랑과 관심을 가지고 계시는 성령님과 동행하는 삶을 살아야만 한다. 성령님의 인격적인 말씀에 귀를 기울이고 반응하고 응답하면서 살아가야 한다(계 3:20). 그러면 합력하여 선을 이루어 주시는 성령님의 도우심 속에서 안전하고 아름답고 안락하고 행복한 인생과 신앙생활의 집을 지어갈 수 있다(롬 8:28).

넷째, 기술자가 선정된 다음에는 최첨단 기술과 공법을 도입해야 안전하고 튼튼한 건축물이 될 수 있다

인생과 신앙생활도 마찬가지다. 최첨단 기술과 공법이 필요하고 중요하다. 그것이 바로 기도인 것이다(요 15:7). 응답받는 기도는 약속의 말씀을 붙들고 기도하는 것이다. 기도 없이는 좋은 인생과 신앙생활의 집을 지어갈 수가 없다. 기도는 하나님과의 대화이기 때문이다. 하나님과 생각을 나누고 조율해 가는 것이 기도이다. 그러기에 기도하면서 하나님의 놀라운 생각과 길로 이끌림 받게 된다(사 55:6-9).

인생과 신앙생활의 집은 하루아침에 지어지는 것이 아니다. 일평생 지어 가야 하는 집이다. 그러기에 하나님과 대화하면서 기도하면서 살아가는 삶은 일평생 지속되어야만 한다. 여기에서 인내의 삶이 요구된다. 기도하면 어떤 때에는 바로 해결되는 경우도 있고 시간이 걸리는 경우도 있다. 어떤 때에는 계획을 변경해야 하는 경우도 있고 중단해야 하는 경우도 생긴다. 그래서 우리 인생과 신앙생활의 건축업자인 성령님의 조언을 따라 기도하고 순종하면서 인생과 신앙생활의 집을 지어 가야만 하는 것이다.

다섯째, 이제 공사를 마무리하면서 아주 중요한 부분이 있는데 그것은 바로 어떤 마감재를 사용할 것인가의 문제이다

마감재에 따라 그 집의 느낌과 분위기와 품격이 달라진다. 속도 중요하다. 동시에 겉도 중요하다. 인생과 신앙생활의 집도 마찬가지다. 우리가 살아가면서 가지는 생각과 정신도 중요하지만 겉으로 드러나는 말과 행동도 중요하다. 부드럽고 상냥하고 후덕한 말과, 선하고 믿음직스러운 신실하고 책임감 있는 행동은 하나님의 영광을 드러내는 놀라운 영향력을 가지고 있다. 열매로 그 나무가 어떤 나무인가를 알 수 있듯이 그 사람의 말과 행동을 통하여 그 사람을 알 수 있기 때문이다(마 7:15-20).

그래서 성도들은 말과 행동에 주의해야 한다. 그러기 위해서는 주님의 마음을 닮아가는 신앙인격과 마음 씀씀이가 중요하다. 의인과 같은 후덕한 신앙인격을 갖추어야 한다(시 37:25-31). 성도들은 온유하고 넓은 마음을 가지고 살아가야 한다(마 5:5; 고후 6:13). 그래야 이 땅에서 모든 사람들이 부러워하는 복 받는 아름답고 훌륭한 인생과 신앙생활의 집에 거할 수 있기 때문이다. 그래서 결국에는 신앙인격이 중요한 것이다. 신앙인격은 우리들이 수고한 대가를 이 땅에서 받고 누리면서 살아갈 수 있는 하나님이 주신 축복의 통로이기 때문이다.

여섯째, 원하는 집을 지었으면 그 집을 청결하게 쓸고 닦고 관리
하면서 사람들과 함께 더불어 살아가야만 한다.

아무리 좋은 집이라 하더라도 쓸고 닦고 관리하지 않으면 폐가
가 되고 만다. 가족과 친구, 친척, 성도들이 함께 정을 나누면서 섬기
고 사랑하고 봉사하면서 살아가야 따뜻하고 행복한 집이 될 수 있다.
그러기에 하나님을 섬기고, 교회를 섬기고, 사람들을 섬기면서 살아
가야 한다. 이렇게 살라고 하나님께서 우리들에게 인생과 신앙생활
의 집을 허락해 주신 것이다.

좋은 인생과 신앙생활의 집을 허락받았다면 그 주신 복을 가지
고 좋은 일을 하면서 멋있게 살아가야 한다. 그러기 위해서는 날마다
경건의 삶에 힘써야만 한다. 말씀과 기도로 거룩해져야 한다(딤전 4:5).
요셉과 같이 하나님과 사람들을 섬기면서 살아가야 한다. 노예일 때
에도, 종일 때에도, 총리일 때에도 섬기면서 살라고 우리들에게 인생
과 신앙생활의 집을 허락해 주신 것이다(마 25:40). 더 나아가 모세와 같
이 교회를 섬기면서 살아가야 한다(히 11:24-26). 우리 모두는 이렇게 하
나님의 나라와 교회와 이웃을 섬기면서 살아가라고 이 세상에 보냄
을 받은 하나님의 백성이다(마 22:37-40).

복 받을 만한 신앙생활을 하라

반석 위에 지어 가는 신앙생활 6가지를 생각해 보면서 자신의 삶에 적용해 보고 실천해 보라.

성숙한 성도의 궁극적인 삶

성육신하신 주님의 생애

주님은 육신의 몸으로 이 땅에 오셔서 우리와 똑같은 인간의 삶을 사셨다. 그러면서 하나님의 나라를 이 땅에 이루어 가는 선교의 사역을 온전히 감당하셨다. 이러한 주님의 삶을 통하여 우리는 인간의 삶과 선교와는 불가분리의 관계가 있다는 사실을 알게 된다.

이러한 인간의 삶의 모든 활동의 총체를 문화라고 정의해 볼 때 인간은 문화라는 특수한 환경 속에서 살아가고 있는 종교적인 동물이라고 말할 수 있다. 그러기에 인류 역사를 통하여 종교와 문화는 불가분리의 관계에 놓여 있는 것이다. 이러한 현상을 신학자 웨버(Robert E. Webber)는 "종교가 문화에서 분리되면 빈혈증(Anemia)에 걸리며, 종교는 삶 속에서만 성숙되어진다."라고 했다.

이러한 인간의 삶의 두 차원인 종교와 문화의 양자관계를 폴 틸리히(Paul Johannes Tillich)는 "종교는 문화의 실체요, 문화는 종교의 형식이다.”라고 했다. 그러기에 종교는 문화라는 인간의 삶을 떠나서는 존재 의미가 없다. 이러한 당위성 때문에 하나님은 인간에게 종교를 주시기 위하여 이 땅으로, 문화의 현장으로 오셔서 문화인으로서의 종교적인 삶의 본을 보여 주신 것이다. 그분이 바로 성육신 하신 예수 그리스도, 주님이시다.

웨버는 문화론을 진행하기에 앞서 먼저 그리스도에 대한 이해를 추구했다. 성도는 “그리스도를 따르는 자들”이라는 것이다. 그러므로 “그리스도가 이 땅에서 어떻게 사셨는가?”가 이 시대의 성도들의 삶의 좌표가 되는 것이다(롬 15:5-6; 빌 2:5-8). 웨버는 이러한 주님을 “우주적 그리스도”라고 했으며, “주님이 완전한 하나님의 이미지를 회복했다.”라고 말했다. 주님은 이렇게 “성도로서 어떻게 문화적인 사회생활을 온전히 영위해 나갈 수 있는가?”를 친히 보여 주신 것이다.

온전한 사람이신 주님

주님이 삶 속에서 보여 주신 복음화, 즉 선교는 죄악 된 인간이 창조주이신 하나님 아버지의 형상을 회복해 나가는 것이다. 그리고 하나님이 창조하시고 우리에게 주신 삶의 현주소인 문화의 현장에서 참 인간의 모습으로 주님과 같이 승리하는 삶을 살아가는 것이다. 주님은 목수의 아들로 30년 동안 인간의 삶에 충실하셨다. 그러면서도 마지막 3년 동안은 짧은 기간이었지만 하나님의 아들의 모습으로 온전한 선교의 삶을 살다 가셨다. 이러한 주님의 인간적인 삶과 선교는 별개의 것이 아니라 함께 공존하는 것이었다.

주님의 선교사역을 보면 배고픈 자에게는 일용할 양식을 공급해 주셨다. 죄인들에게는 사죄의 은총과 위로와 소망을 주셨다. 억압과 고통 가운데 있는 자들에게는 그들의 결박을 풀어 주셨다. 교만과 불신앙 가운데 있는 자들에게는 회개를 촉구하시고 인간답게 살아갈 수 있는 길을 제시해 주셨다. 이러한 주님의 가르침과 선교적인 삶은 성도들이 온전한 인간의 삶을 영위해 나갈 수 있도록 친히 본을 보여 주시고 가르치시고 도와주신 헌신과 희생과 사랑이었다. 이러한 주님의 선교적인 삶을 성경은 "온전한 사람의 모습"으로 말씀하고 있다 (엡 4:13-16).

선교적인 삶

주님이 보여 주신 삶이 바로 우리가 추구해 나가야 할 선교적인 삶이다. '주님의 삶의 발자취를 따라 가는 삶! 그리하여 참 인간의 모습을 회복해 나가는 삶! 정상적인 인간의 삶을 영위해 나가는 성도의 삶'이 바로 선교적인 삶인 것이다. 이러한 주님의 삶의 모습의 그림자를 우리는 족장들의 믿음의 삶을 통하여 살펴볼 수가 있다.

창세기

창세기는 '처음에'라는 의미로 우주와 인류와 하나님의 백성의 기원을 설명해 주는 책이다. 창세기 1-11장까지는 신구약성경의 서론 부분으로 인류의 창조와 타락상과 하나님의 포기할 수 없는 사랑의 열정을 보여 주고 있다. 12-50장까지는 족장사로 하나님이 구별하여 택하신 자들의 믿음이 자손 대대로 삶을 통하여 어떻게 발전되고 이어져 가는가를 보여 주고 있다. 이러한 족장사는 성도들의 믿음의 성장 단계를 보여 준다.

위에서 웨버가 언급한 바와 같이 종교는 삶 속에서만 성숙된다. 그러기에 믿음 안에서 살다 보면 "신앙생활이란 무엇인가? 신앙생활은 어떤 단계를 거치면서 성장하고 성숙되어져 가야 하는가? 나는 주님이 원하시는 대로 성장하고 성숙한 신앙인으로 살아가고 있는가?" 하는 생각들이 들 때가 있다. 이러한 질문에 대하여 창세기는 아주 유익한 답을 우리에게 주고 있다. 창세기는 믿음의 선조들의 신앙생활의 성장 과정을 잘 보여 주고 있기 때문이다.

창세기에 나오는 족장들의 삶은 믿음이 어떻게 성장하고 성숙되어져 가야 하는지에 대한 신앙적이고든 신학적인 의미를 보여 준다. 이러한 족장들의 삶은 성도들의 신앙생활이 어디까지 성장하고 성숙해져야 하는지, 신앙생활의 궁극적인 목표점은 무엇인지를 잘 보여 주고 있다.

아브라함의 생애

아브라함의 삶은 믿음의 출발을 보여 준다. 믿음의 출발은 떠나, 가는 삶이다(창 12:1). 떠나, 가는 결단이 없이는 신앙생활은 불가능하다. 우리는 불신앙과 불순종의 생각과 삶으로부터 떠나가야만 한다. 보암직하고 먹음직하고 탐스럽기도 한 오늘날의 선악과와 같은 세상의 유혹과 불신앙과 인본주의적인 생각과 삶 속에서 위엣 것을 바라보는 영적인 사람의 생각과 삶으로 떠나갈 줄 알아야만 한다. 나의 경험과 소견대로 사는 삶이 아니라 하나님의 생명의 말씀을 좇아 사는 삶으로 나아가야만 한다(창 12:4; 히 11:8). 그래야 아브라함과 같이 하나님이 의롭다 인정하시고, 복의 근원이 되는 성도가 될 수 있기 때문이다.

믿음은 하나님께 마음을 고정시키는 것이다. 하나님만 바라보는 것이다. 아브라함이 하나님만 바라보고 떠나가는 믿음을 라틴어로는 'CREDO'라고 한다. CREDO는 'COR(심장, 마음, 의지)'와 'DO(드리다, 고정시키다)'의 합성어이다. '심장을 드린다.'라는 뜻이다. 하나님께 마음을 고정시키는 것이 하나님을 믿는 믿음인 것이다. 아브라함이 하나님의 말씀을 좇아 떠나 간 믿음이 바로 CREDO의 믿음인 것이다.

이삭의 생애

　이삭의 삶은 중생의 기쁨의 삶을 보여 주고 있다. 모리아 산에서 죽는 줄 알았으나 사는 역사를 체험한 이삭이다. 이렇게 말씀을 따라 결단하고 드려지는 삶을 살다 보면 반드시 살아 계시고 역사하시는 여호와 이레(창 22:14)의 하나님을 만나게 되어 있다. 하나님 앞에 제물로 드려진 삶을 통하여 살아 계신 하나님을 만나고 체험하는 이삭이 된 것이다. 이렇게 하나님이 살아 계시고 역사하심을 체험하는 신앙의 삶은 말씀대로 순종하며 모리아 산에 오르고 드려진 신앙의 모험과 결단 속에서 주어지는 하나님의 은혜요 역사요 축복이다.

　이렇게 살아 계시고 역사하시는 여호와 이레의 하나님을 만나고 체험한 성도는 항상 기뻐하고 감사하며 기도하는 평강의 사람으로 살아가게 된다. 그래서 이러한 중생의 삶을 체험한 사람의 이름을 이삭(창 17:19)이라고 한 것이다. 이삭은 '웃음, 기쁨'이라는 의미를 가지고 있는 신앙고백적인 이름이다. 살아 계신 하나님을 체험한 이삭은 늘 웃음을 잃지 않는 '르호봇(창 26:22, 장소가 넓음)'의 큰 믿음의 사람이 되었다. 40세에 결혼을 하여 20년 동안 아이가 없었어도 기도드리며 기다릴 줄 아는 평강의 사람이 된 것이다.

야곱의 생애

야곱의 삶은 이렇게 떠나가는 신앙의 삶 속에서, 모리아 산에 오르는 것 같은 신앙의 모험과 결단 속에서 중생의 삶을 경험한 성도들이, 이 땅에서 주어진 일상적인 삶을 살아가는 데 있어서 어떻게 하나님의 약속의 자녀로 축복과 기업의 역사를 이루어갈 수 있는지에 대하여 보여 준다. 죄악 된 본능을 가지고 하나님의 축복의 자녀로 살아간다는 것은 야곱과 같이 고난과 기도와 인내의 삶이 아니고서는 갈 수 없는 길이다. 부활의 아침을 맞이하기 위하여 십자가의 죽음의 길을 걸어가신 주님의 모습과 삶도 이러한 약속의 자녀들이 걸어가야 하는 복된 길의 예표인 것이다.

야곱은 장자의 축복권을 받은 사람이다. 그럼에도 하나님이 약속한 복은 고난과 인내와 기도를 통하여 주어진 것임을 보여 주고 있다. 하나님으로부터 복을 약속받은 야곱은 실패의 현장 속에서도 성실하고 정직하게 최선을 다하면서 살았다(창 31:38-42). 20년 동안의 실패의 삶 가운데서도 포기하지 않고, 하나님을 원망하지 않고, 기도하면서 성실하게 살았다. 그 결과 놀라운 기업을 이루는 복을 누리게 되었다.

누구든지 믿음 안에서, 기도 안에서, 주님 안에서 포기하지 않고 성실하게 끝까지 살다 보면 복을 누리게 되어 있다. 주님께서도 제자들에게 마태복음 11장 6절에서 이것을 분명하게 말씀하셨다. 기도는 물통에 물을 끝까지 채우는 것과 같다. 응답이 주어질 때까지 낙망치 말고 끝까지 기도해야 한다. 영국의 처칠 수상은 퇴임 후 자신의 모교인 해로우 대학에서 다음과 같이 후배들에게 당부하는 말을 남겼다. "Never give up!(결코 포기하지 마시오) Never give up! Never give up!"

요셉의 생애

요셉의 삶은 이렇게 하나님의 약속을 굳게 믿고 살아가는 성도들이 주님 앞에 가는 그날까지 어떠한 신앙인격을 가지고 살아가야 하는가를 잘 보여 주고 있다. 그것은 이웃을 내 몸과 같이 섬기면서 사는 삶이다. 진정으로 성장하고 성숙해진 성도는 요셉과 같이 섬기는 삶을 살아가게 되어 있다. 요셉은 아들로 노예로 종으로 총리로 동생으로 어디서든지 섬기는 삶을 살았다. 이렇게 성장하고 성숙한 성도는 하나님과 이웃을 사랑하고 섬기면서 살아간다(마 22:37-40). 이것이 바로 하나님 말씀대로 살아가는 성숙한 성도의 삶인 것이다.

이렇게 섬기면서 살아가는 삶은 우리가 이 땅에서 누릴 수 있는 최대의 특권이요, 행복이요, 의무요, 책임이다. 평범한 가장과 주부의 삶도 귀하고 위대한 것이다. 하나님의 자녀인 남편과 아내를 내 몸 같이 사랑하며 사는 삶이기 때문이다. 그래서 성경은 이렇게 평범한 인간의 삶을 '누가 누구를 낳고 몇 세에 죽었더라.'라고 중요하게 언급하고 있는 것이다(마 1장; 눅 3장).

노아벤샤의 『빵장수 야곱』이라는 책 내용 중에 결혼에 대한 대화가 나온다. 한 젊은이가 야곱에게 다가와 이렇게 말했다.

"저는 곧 결혼할 계획입니다. 그런데 제가 다른 여자와 함께 살면 제 자신을 잃게 될까 봐 두렵습니다."

그때 빵장수 야곱은 이렇게 말해 준다.

"걱정하지 말게나. 결혼이 자신을 잃게 하는 것이 아닐세. 오히려 한 여자와의 결합은 더 이상 자네가 자신 속으로 빠져 들어가 자신을 잃어버리지 않게 하는 좋은 계기가 된다네."

모세의 생애

모세의 삶은 궁극적으로 성장하고 성숙한 성도들이 주님과 교회를 위하여 사명을 감당하며 사는 신앙생활의 궁극적인 모습을 보여 준다. 모세는 자신의 영달을 추구하며 살지 않았다. 하나님의 종으로 사는 길을 기꺼이 자청하고 헌신했다. 히브리서 3장 1-6절에서는 주님과 모세의 삶을 비교하여 설명하고 있다.

주님도 베드로에게 '네가 나를 사랑한다고 고백한다면 내 일을 하라'고 말씀하셨다(요 21:15-17). 우리가 주님을 사랑한다면 주님의 피값으로 사신(행 20:28) 교회를 위하여 남은 생을 살다가 갈 수 있어야만 한다. 이것이 성장하고 성숙한 성도가 추구해 나가야 하는 신앙생활의 궁극적인 목표요 삶이기 때문이다.

하나님나라를 위하여 사는 삶이 얼마나 중요한지는 하나님나라에 들어가 보면 알게 될 것이다(마 6:33; 고전 15:58).

제4장

교회 안에서 살아가기

그 사람의 인물 됨과 그릇의 크기는 평상시에는 그럴듯해 보여도
어떤 지도자의 자리에 세워지거나 이해관계 앞에 서게 되면
그 진면목이 드러나게 된다.

○ # 교회생활은
하나님이 주신 축복의 텃밭

꼭 교회에 다녀야만 하나

요즈음 한국 교회는 세상 사람들로부터 많은 구설수에 오르내리면서 홍역을 치르고 있는 것 같아 안타까움을 금할 수가 없다. 이러한 와중에 성도들 또한 교회의 존재 이유에 대하여 혼란스러워 하는 것 같아 보인다. 과연 교회가 존재해야만 하는가? 그리고 이렇게 교회에 다녀야만 하는가? 이렇게 교회가 문제도 많고 귀찮은 존재라면 차라리 교회에 다니지 않고, 기독교 방송 채널을 통하여 영상예배를 드리면서 교회에 드릴 헌금을 더욱 의미 있고 필요한 곳에 사용하는 것이 좋지 않을까? 이와 같은 생각을 한번쯤 해 보지 않은 사람은 없을 것이다. 진정 교회는 무엇인가? 그리고 교회에 꼭 다녀야만 하는가?

주님이 피로 사신 교회

교회는 주님이 흘리신 피로 사서 이 땅에 남겨 놓으신 주님의 몸이요 분신이다(행 20:28; 엡 1:23). 그래서 눈에 보이지 않는 주님을 사랑한다고 하는 성도에게 주님을 사랑할 수 있도록 눈에 보이는 주님의 분신을 남겨 놓으셨는데 그것이 바로 교회인 것이다. 이러한 교회는 주님이 생명을 다하여 낳으신 성도들을 의미한다.

이렇게 태어난 성도들은 누군가의 관심과 사랑과 돌봄의 손길을 필요로 하고 그것들을 통하여 성장하고 성숙해져 간다. 그래서 하나님은 주님을 사랑하는 마음을 가지고 살아가는 먼저 믿은 성도들이 믿음이 연약한 성도들에게 관심과 사랑과 돌봄을 가지고 교회생활을 하게 하시는 것이다. 이렇게 주님의 분신들이 모인 하나님의 백성공동체가 바로 교회인 것이다. 결국 교회를 사랑하는 것이 주님을 사랑하는 것이고, 교회를 돌보는 것이 주님을 섬기는 것이다. 그러기에 교회와 주님은 하나라고 볼 수 있다. 교회가 있는 곳에 주님이 계시고, 주님이 계시는 곳에 교회가 있기 대문이다.

신앙생활의 현주소

여기에서 신앙생활의 현주소가 분명해진다. 신앙생활의 현주소는 바로 교회이다. 교회생활이 존재할 때 진정 신앙생활이 존재하는 것이다. 텔레비전 앞에서 영상으로 예배를 드리는 것으로는 신앙생활이 제대로 되지를 않는다. 골방에서 혼자 찬송하고 성경 읽고 기도

한다고 신앙생활이 되는 것이 아니다. 마음으로 믿으면 다 되는 것이 아니다. 반드시 주님의 분신인 성도들이 모인 교회를 돌보고 섬기고 사랑할 때 온전한 신앙생활이 되고 온전한 성도가 되는 것이다.

그래서 교회는 신앙생활의 축복의 장이다. 신앙생활은 교회 안에서 가능케 되는 것이다. 교회를 떠난 신앙생활은 허상에 불과하다. 그러기에 교회를 떠난 상태에서 주님을 사랑한다고 하는 말은 거짓말이요 위선이다.

축복의 텃밭인 교회생활

사실 죄 많은 인간들이 모인 교회는 문제도 많고 실망스러운 부분들도 많이 있다. 그래서 상처도 받게 되고 실족하는 일들도 생기게 된다. 그럼에도 교회를 떠나서는 신앙생활이 불가능하다. 주님이 하나님을 사랑하고 하나님의 일을 위하여 자기를 부인하고 자기 십자가를 지고 가신 것 같이, 주님의 분신들도 교회를 사랑하고 돌보고 섬기기 위하여 자기를 부인하고 자기 십자가를 지고 나아가는 헌신의 삶이 필요하다. 이러한 교회 안에서의 신앙생활을 통하여 축복의 씨앗이 심겨진다. 바로 그 축복의 씨앗을 심을 수 있도록 주님이 예비하여 주신 축복의 텃밭이 바로 교회인 것이다.

텃밭이 있다고 해서 모두가 다 그 텃밭에서 귀한 채소와 열매들을 거두는 것은 아니다. 텃밭이 있는 사람과 없는 사람의 차이는 엄청나다. 그러나 텃밭이 있어도 그 텃밭에 씨앗을 뿌리고 과일나무를 심고 일구고 가꾸는 사람과 아무 일도 하지 않는 사람과는 엄청난 차이가 난다. 텃밭을 돌보고 가꾸는 사람은 풍성한 축복의 열매를 기대하고 누리면서 살아갈 수 있다. 그러나 텃밭만 가지고 있고, 자랑스럽게 생각하고 전혀 씨를 뿌리지도 않고 과일나무도 심지 않고 놀고 먹는 사람은 결실의 계절이 되어도 거둘 것이 없다. 아무리 오랫동안 텃밭을 가지고 있었다 하더라도 무성한 잡초만 우거질 뿐이다. 아무리 넓은 텃밭이라 하더라도 그 결과는 마찬가지다.

교회생활도 마찬가지다. 교회에 다니는 것만으로 모든 것이 다 해결되는 것이 아니다. '얼마나 오랫동안 교회에 다녔느냐?'가 축복의 역사를 가져다주는 것도 아니다. '얼마나 좋은 땅인가?'와 같이 '얼마나 좋은 교회인가?'가 모든 것을 해결해 주는 것도 아니다. 작은 텃밭, 거친 텃밭과 같은 교회라 하더라도 일구고 가꾸고 심고 돌보고 섬기다 보면 반드시 귀한 축복의 열매를 안겨다 준다. 이러한 관심과 사랑의 희생과 헌신의 교회생활을 통하여 하나님이 주시는 복이 주어지고 대를 이어 믿음의 명문 가정이 세워지게 되는 것이다.

축복의 텃밭을 일구어 가는 신앙생활

주님을 진정으로 사랑하고 싶은가? 주님이 주시는 사랑과 복을 누리면서 살아가고 싶은가? 주님이 주시는 믿음의 명문 가정으로 세워지기를 원하는가? 그렇다면 조금은 실망스럽고 부담스러운 교회생활이라 하더라도 교회 안으로 발걸음을 돌리기를 바란다. 그리고 지저분하고 걸려 넘어질 것 같은 돌멩이와 같은 것들을 걷어치우면서 화평케 하는 하나님의 아들과 같은 삶을 기꺼이 살아가기 바란다(마 5:9; 시 122:6). 마음에 들지 않고 실망스러운 일들이 있을 때에도 기도하고 감사하면서 이겨 내기 바란다(살전 5:16-18).

무더운 뙤약볕과 엄동설한과 같은 고난과 역경과 어려움을 이겨 내고, 가꾸고 돌보고 섬기며 살아가는 교회생활을 통하여 자신도 모르는 사이에 하나님이 주시는 복의 열매들이 차고 넘치는 인생과 가정과 자녀들의 앞날을 목도하고 경험하게 될 것이다(마 6:33; 고전 15:58). 하나님은 오늘도 사랑하는 주님의 분신과도 같은 성도들에게 넘치는 복을 주시기를 원하신다(갈 4:7).

이렇게 하나님은 성도들에게 주시고자 하는 복을 교회 안에 감추어 두셨다. 우리가 교회생활에서 주님을 사랑하듯이 그렇게 성도들을 섬기고 사랑하면 반드시 하나님이 감추어 두신 보화를 발견하게 될 것이다. 이러한 복은 교회 안에서만 주어지는 것이다.

주님의 몸 된 교회를 세워 가라
하나님이 주신 축복의 텃밭인 교회생활에 축복의 씨앗을 심고 가꾸고 관리하고 있는 지 생각해 보라. 좀 더 축복의 텃밭을 넓혀 가고 풍성하게 만들어 갈 수 있는 구체적인 방안들은 무엇일지 생각해 보고 실천해 보라.

주 안에서의
수고는 헛되지 않다

계산기를 잘못 두드리면

성경에 나오는 인물 중에서 자신의 앞날에 대하여 한 순간 계산기를 잘못 두드렸다가 그 후손들로 하여금 하나님이 주시는 말로 다 할 수 없는 엄청난 은혜와 복을 잃어버리게 만든 사람이 있다. 바로 룻과 결혼할 수 있었는데도 자기 자신에게 손해가 생길까 봐 자진하여 보아스에게 양보한 사람이다(룻 4:1-6). 1순위의 자격이 있는 자가 그 기회를 포기했을 때, 2순위였던 보아스가 나오미의 가정의 어려운 생업과 나오미의 며느리인 룻의 남은 생애까지 책임지겠다고 하나님의 말씀대로 자원을 한 것이다(룻 4:9-12). 그 결과 보아스는 다윗왕의 증조할아버지가 되는 복을 누리게 되었고, 메시야의 계보를 열어 가는 믿음의 조상이 되었다(룻 4:21-22; 마 1:1-6).

여기에서 우리는 귀한 교훈을 발견하게 된다. 하나님의 법을 따르고 지키는 일에 손익을 따져가며 계산기를 두드릴 때 하나님의 은혜와 복을 잃어버리게 된다는 것이다. 성경에는 계산기를 잘못 두드리다가 망한 사람들이 많이 나온다. 그중에서도 대표적인 사람이 가룟 유다이다. 주님의 제자임에도 자신의 인생을 주님과 하나님나라의 사역에 걸만한 일인지 고민하다가 결국에는 스승을 배반하고 사역의 자리를 떠나 불의한 종교지도자들 편에 서서 은 30에 주님을 팔고 말았다. 그 결과 그는 모든 것을 잃어버리고 자살하는 것으로 생을 마감했다. 초대교회에서는 아나니아와 삽비라 부부가 하나님께 드릴 헌금을 가지고 계산기를 잘못 두드리다가 결국에는 두 부부가 함께 비명횡사하고 말았다(행 5:1-11).

하나님의 나라와 의를 구해야

우리가 신앙생활을 하다 보면 여러 가지로 하나님의 명령과 교회의 필요에 대한 요청을 받게 된다. 그때에 우리는 어떻게 생각하고 판단해야 할까? 하나님의 뜻이 무엇이고, 하나님과 교회가 원하고 필요로 하는 것이 무엇인지를 먼저 생각하고 판단해야만 한다. 이것이 바로 그의 나라와 그의 의를 구하는 삶이기 때문이다(마 6:33). 이렇게 살다 보면 하나님 안에서는 공짜가 없다는 사실을 체험하게 된다(고전 15:57-58). 반드시 하나님이 예비하신 여호와 이레의 복을 경험하게 되는 것이다(창 22장).

개척 교회를 사임하고

1981년 신학대학교에 입학하여 그해 10월부터 경기도 가평 산골에서 섬기던 교회를 1983년 12월 말에 사임을 했다. 4학년 때에도 학교에서 먼 거리에 있는 교회를 섬긴다는 것은 신학대학원 입학에 지장을 초래할 수 있다는 염려 때문이었다.

나는 신학생으로서 담임전도사까지 했으니 어디에서든지 환영을 받을 것이라고 생각을 했다. 그런데 현실은 예상과는 달랐다. 서울의 인심은 나를 완전히 촌놈으로 취급했다. 너무도 실망스러웠다. 하나님께 화도 났다. 그래서 하나님께 "내가 어떻게 그 3년 동안을 개척 교회를 섬겼는지 아시지 않습니까? 눈이 와도, 비가 와도, 추워도, 더워도 수요일과 금요일까지 감당하면서 그 험한 산길을 달려가지 않았습니까? 탈진이 될 정도로 그렇게 최선을 다해 교회를 섬기지 않았습니까? 그런데 지금 나를 촌놈이라고 무시하고 있습니다. 나는 다시는 지방이나 시골로는 내려가지 않겠습니다." 하면서 항의도 해 보았다. 이렇게 마음고생을 하면서 8월 말까지 사역을 쉬게 되었다. 아내는 가정을 책임지기 위하여 친구가 경영하는 학원에 나가 학생들을 가르쳤다. 나는 수업이 없는 시간에는 갓 두 살이 지난 큰딸을 돌보았다. 수업이 있을 때에는 주인댁 아주머니가 아이를 돌봐 주기도 했고, 상황이 여의치 않을 때에는 친구의 배려로 아내가 아이를 학원에 데리고 가기도 했다.

테스트를 거쳐 교육전도사로

8월 말에 구로동에 있는 한 교회에서 연락이 왔다. 장년이 350명 정도 모이고, 아동부는 90명 정도, 학생회는 20명 정도 모이는 교회였다. 그런데 담임목사님은 나에게 "다음 주일에 학생들 앞에서 찬송도 해 보고, 율동도 해 보고, 설교도 해 보라."고 하셨다. 나는 기분이 별로 좋지가 않았다. 그러나 자존심을 뒤로 하고 다음 주일날 목사님과 선생님과 학생들 앞에서 시범을 보였다. 그 자리에서 목사님이 "교육전도사로 근무를 하라."고 하셨다. 그래서 신학대학원을 졸업할 때까지 3년 4개월 동안 그 교회에서 교육전도사의 사역을 감당하게 되었다. 주일학교도 90명에서 250명 정도로 부흥하여 1층에서 2층 예배당으로 올라가 예배를 드리는 은혜를 체험하게 되었다.

8개월 동안 쉬게 하신 이유

나는 1984년 9월부터 교육전도사로 사역을 감당하면서 그해 12월 5일에 학기말 시험을 마치고 12월 20일에 신학대학원 시험을 보았다. 그리고 신학대학원 3년 전액 입학성적우수 장학생이 되었다. 그때 나는 하나님께 진심으로 회개를 했다. "다시는 지방으로 내려가지 않고 개척 교회도 하지 않겠다."고 하면서 하나님을 원망했던 어리석음을 회개했다. "하나님이 나를 이렇게 장학생으로 신학대학원을 다닐 수 있도록 하시기 위하여 그 8개월 동안을 쉬게 하시면서 공부하게 하셨다."는 사실을 비로소 깨달았기 때문이다.

하나님의 일에는 공짜가 없다

그때부터 나는 분명하게 고백하면서 살아왔다. "하나님의 일에는 공짜가 없다(고전 15:57-58)." "하나님의 생각과 길은 인간의 생각과 길과는 다르다(사 55:8-9)." 그래서 지금도 하나님의 일을 할 때에는 인색한 마음으로 하지를 않는다. 늘 자원하는 마음으로 감사한 마음으로 하나님의 일을 감당하고 있다.

아무리 힘들고 어려워도 사역의 자리를 떠나서는 안 된다. 주 안에서 공짜는 없기 때문이다. 반드시 심은 대로 거두게 되어 있다(시 126:5-6; 갈 6:7-10).

주님의 종으로서 명분과 덕을 생각해야

여기에서 주의할 점이 있다. 주 안에서 수고가 헛되지 않다고 주님의 종이 무엇이든지 하나님이 주시는 것으로 생각하고 받으려고만 해서는 안 된다는 것이다. 나는 주님의 종으로서 품위를 유지하는데 명분과 덕이 중요하다고 생각한다. 성도들로부터 대접을 받거나 도움을 받을 때에도 명분이 중요하다. 또한 명분이 있다 하더라도 그것이 교회와 성도들에게 덕이 되어야 한다고 생각한다. 명분이 있어도 덕이 되지 못할 것 같으면 대접이나 도움도 거절할 줄 알아야만 한다고 생각한다.

박사 과정을 3년 동안 다니면서 교회에 공식적으로 도움을 요청한 것은 논문 인쇄비 100만 원밖에는 없다. 박사 과정 중에 교수님과 학생들이 함께 미국 교회를 둘러보는 과정이 있었는데, 미국에 다녀올 때에는 성도들의 관심과 사랑의 손길로 가능했다. 깊이 감사를 드린다. 그 외에 수천만 원의 돈은 자비로 감당했고, 아직까지도 그 비용은 고스란히 빚으로 남아 있다. 주님의 종들이 계속 교육이라는 핑계로 교회나 개인이 감당할 수 없는 출혈이 얼마나 많은가를 생각해볼 일이다. 교회와 주님의 종들의 부담과 출혈이 큰 것을 부인할 수가 없다.

박사 과정을 밟으면서 학비와 교통비 등 부대비용을 감당하기 위하여 현금서비스를 받아 이리저리 돌려 막는 데에도 한계가 있었다. 그래서 성도 중에 절친한 권사님이 은행에 재정보증을 서 주셔서 마이너스 통장을 개설할 수가 있었다. 마이너스 통장의 이자가 현금서비스보다 훨씬 저렴했기 때문이다. 그런데 1년 만에 1,000만 원 한

도가 다 차고 말았다. 1년마다 마이너스 통장을 갱신해야 했기에 은행으로부터 그 권사님에게 상환내역서가 배송되었다.

내 형편을 알게 된 권사님은 어느 날 새벽기도회를 마친 다음에 "콩나물국밥이라도 먹자."고 하시면서 기다리셨다. 함께 아침 식사를 하면서 "본인이 1,000만 원을 만들어 왔으니 받으라."고 하셨다. "박사 과정도 하시는데 학비라도 한번 드렸어야 했는데 드리지도 못했고, 또 드릴 수 있는 형편이니 마음 편하게 받으시라."는 것이었다. 명분이 있는 돈이었다. 짧은 순간이었지만 "이 돈을 받으면 교회에 유익이 될까?"를 생각해 보았다. 이분은 가뜩이나 주님의 종들에게 잘 한다고 나름대로 성도들의 시선이 집중되어 있는 분이셨다. 그러기에 담임목사가 그 권사님을 더 가까이 한다고 오해할 수 있는 소지가 얼마든지 있을 것 같다는 생각이 들었다. 그래서 억지로 손에 돈 봉투를 쥐어 주시는 데에도 정중히 거절을 했다. 그러나 감사한 마음은 지금도 간직하고 있다. 결국 그 1,000만 원은 큰딸이 해결해 주었다. 세상 사람들이 이해하지 못하는 외롭고 힘든 길이라 하더라도 그 길을 걸어가는 것이 구도자의 모습이고 주님의 종의 모습이라고 생각한다(마 7:13-14; 롬 13:8).

그전에 사역하던 교회에서의 일이다. 나는 담임목사로 부임을 했음에도 부목사 시절부터 9년째 타고 다니던 소형차량(프라이드)을 그대로 몰고 다녔다. 그런데 차량이 너무 낡아 가끔 길거리에서 섰다. 이러한 사실을 알게 된 몇 분의 권사님들과 여 집사님들이 어느 날 목양실로 찾아오셨다. 자신들이 나름대로 차량 구입에 조금이나마 도움이 될 수 있도록 힘을 모아 왔다는 것이다. 나는 너무도 그분들의 사랑과 관심에 감사하고 감격했다. 그래서 그 봉투를 받아 들고 감사의 기도를 드렸다. 기도를 끝낸 다음에 나는 그 봉투를 그대로 그분들께 돌려드렸다. 권사님과 집사님들은 당황해 하셨다. 나는 그분들에게 이렇게 말씀을 드렸다. "저는 담임목사로서 교회에서 당회와 제직회를 거쳐 적법하고 정당하게 사 주는 승용차를 타고 싶은 목사입니다. 이렇게 개인적인 출혈에 의해서 차를 타고 다니고 싶지는 않습니다." 담임목사로서 교회로부터 당당하게 제공되는 차량을 타고 다니는 것이 목사로서의 최고의 행복이라고 생각했기에 돈의 많고 적음을 떠나서 받지를 않은 것이다.

그 뒤에 하나님은 다른 손길과 방법으로 명분과 덕에 거리낌이 없는 차량 구입의 반액 정도의 돈을 허락해 주셨다. 나는 그 다음에 부족한 금액은 장기 할부로 하여 준중형차량(아반테)을 사기로 했다. 그런데 이 사실을 전해들은 또 다른 집사님 부부가 만나자는 연락이 왔다. 그분들은 나에게 말하기를 "기왕에 차를 사시려면 중형차량(쏘나타)을 사시라."는 것이었다. "모자라는 금액은 염려 마시고 자신들이 알아서 중형차량으로 뽑아 드리겠다.”고 하셨다.

나는 그 집사님 부부에게 이렇게 말씀을 드렸다. “얼마 전에 권사님과 집사님들이 봉투를 가지고 와도 거절을 했습니다. 교회에서 사 주는 차량이 아니고는 이렇게 음성적으로 도움을 받고 싶지가 않습니다. 집사님 내외분에게도 마찬가지입니다.” 그리고 정중히 그분들의 제안을 거절했다. 그래서 나머지 금액은 할부로 감당하면서 준중형차량을 구입하여 11년 동안을 타고 다녔다. 아무리 명분이 있어도 교회와 성도들에게 덕이 되지 못한다면 그 길을 미련 없이 포기하는 것이 구도자의 모습이고 주님의 종들이 걸어가야 하는 길이라고 생각한다.

구도자답게, 주님의 종답게

주님의 종들은 대부분이 가난하다. 가난하기 때문에 물질에 약할 수도 있다. 그러나 주님의 종이 된 이상 분별력을 가지고 구도자답게 주님의 종답게 살아가는 것이 중요하다. 주님의 종들은 명분 있게 행동해야 한다. 주님의 종들은 명분이 있어도 덕이 되지 못한다고 생각되면 좁은 길 협착한 길이라 하더라도 생명의 길을 선택하고 걸어가야만 한다. 사도 바울은 성도들을 향하여 이렇게 덕을 세우기 위하여 힘쓰라고 당부했다(롬 14:17-18, 15:1-3; 고전 10:23-24).

주 안에서의 수고는 헛되지 않다

십일조는
하나님이 주시는 축복의 씨앗

앞으로 남고 뒤로 밑지는 인생

요즘 천정부지로 치솟는 집값이나 전월세의 부담으로 인하여 서울 시민들조차도 시외로 밀려나가고 있는 실정이다. 더욱이 안타까운 것은 젊은이들이 신혼집이나 결혼 비용의 부담으로 결혼시기를 늦추거나 아예 포기하는 것이다. 이러한 상황 속에서 개인주의로 치닫고 있는 포스트모더니즘적인 사고의 변화는 교회공동체를 위하여 헌신하고 희생하는 것조차 기대하기 어렵게 만들고 있다. 이러한 때에 십일조를 강조한다는 것은 시대착오적인 발상이라고 항변할 수도 있을 것이다. 주택문제를 해결하기 위하여 일평생 월급을 모아도 희망이 보이지 않고, 평생 직장이라는 개념이 사라져 버린 세태 속에서 노후까지 젊어서부터 준비해야 하는 성도들에게는 십일조를 봉헌하는 것이 부담스러울 수도 있기 때문이다.

그러나 세상을 살다 보면 앞으로 남고 뒤로 밑지는 인생들이 얼마든지 있다. 하나님이 인생의 웅덩이를 막아 주시지 않는다면 인간의 노력이나 수고가 얼마나 헛된 것인가를 살면서 절감하게 된다. 하나님이 건강도 지켜 주시고 물질도 세어나가지 않도록 막아 주셔야만 땀 흘려 일한 대가를 누리면서 살아갈 수가 있다. 그럼에도 일시적이고도 현세적인 것들 때문에 하나님이 뒷전으로 밀려나는 불신앙적인 모습들을 볼 수가 있다.

하나님은 이스라엘 백성이 앗수르와 바벨론의 포로로 끌려간 이유가 바로 생수의 근원이 되시는 하나님을 버렸기 때문이라고 예레미야 2장 13절에서 말씀하셨다. 그래서 이스라엘 백성의 운명이 물을 저축지 못할 터진 웅덩이와 같이 되고 말았다는 것이다. 이것이 바로 앞으로 남고 뒤로 밑지는 인생이다. 이러한 인생과 십일조는 깊은 연관이 있다. 하나님은 이스라엘 백성이 실패의 삶을 살게 된 이유 중에 하나가 바로 온전한 십일즈를 구별하지 않은 것이라고 말라기 3장 7-12절에서 준엄하게 책망하셨다.

십일조와 봉헌물은 하나님의 것

하나님은 십일조와 봉헌물을 하나님의 것이라고 말씀하셨다. 그런데 이를 무시하거나, 속이거나, 이스라엘 백성이 하나님의 것을 도둑질했기에 저주를 받게 되었다는 것이다. 아무리 힘들고 어려워도 십일조와 봉헌물을 하나님께 드리면서 신앙생활을 하면 반드시 하나님께서 복을 주신다는 사실을 시험해 보라고까지 하셨다.

하나님이 주시는 복을 받은 아브라함도 하나님 앞에 온전한 십일조를 드린 신앙인이었다(창 14:18-20).

야곱은 형 에서의 장자의 축복권을 가로챈 일로 인하여 고향 땅을 떠나 야반도주 하게 되었다. 그는 망명 중에 벧엘이라는 곳에서 "하나님께서 자신을 다시 고향 땅으로 무사히 돌아오게 해 주시면 십일조의 예물을 드리고 하나님의 전을 세우겠다."는 서원기도를 드렸다(창 28:21-22). 그 후에 야곱은 외삼촌이 살고 있는 밧단아람에서 하나님의 은혜로 20년 만에 거부가 되어 고향땅으로 돌아오게 되었다. 도중에 하나님의 은혜로 형 에서와의 문제가 해결되었고, 홀가분한 마음으로 약속의 땅 벧엘로 나아가다가 그만 살기 좋은 세겜 땅에서 10년이나 머물면서 하나님과의 약속을 어기고 말았다. 그러다가 딸 디나에게 일어난 기억하기 싫은 고통스러운 사건을 통해(창 34장) 눈물로 회개하고 벧엘로 올라가 하나님께 약속한 대로 하나님의 집을 세우고 십일조를 드렸다. 그때 하나님께서는 다시금 야곱에게 주실 복에 대하여 창세기 35장 9-15절에서 말씀하고 있는 것을 볼 수 있다.

신앙개혁

남왕국 유다의 히스기야왕 때에도 이스라엘 백성의 신앙과 십일조가 회복되자 그들의 삶이 윤택해진 것을 볼 수 있다(대하 31:4-10). 또한 느헤미야 시대에도 십일조의 신앙이 회복되자 성전에서 일하는 레위 사람들이 자기 자리를 지키고 사명을 잘 감당하게 된 것을 볼 수 있다(느 13:10-14). 이렇게 십일조의 신앙이 회복되면 하나님이 주시는 복이 주어지고 교회가 세워지게 되는 것이다.

십일조의 축복

세계 최고의 부자 가문을 이룬 록펠러(John D. Rockefeller)도 십일조를 온전히 드리는 신앙인이었다. 그는 어머니에게서 신앙의 유산을 물려받았는데, 하나님을 친 아버지 이상으로 섬기고, 목사님을 하나님 다음으로 섬기고, 주일예배는 본 교회에서 드리고, 오른쪽 주머니는 항상 십일조 주머니로 사용하라는 등 10가지의 교훈을 평생 지키면서 살았다. 그는 자신의 재산이 늘어날수록 십일조를 하나님께 더 많이 드리는 것이 인생의 최고의 행복이라고 했다. 그러면서 그는 자녀들로 하여금 물질의 복을 받게 하려면 반드시 십일조를 가르쳐야 한다고 강조했다.

100개의 교회를 하나님께 헌당하겠다고 서원하고 세계 30여 개국에 105개의 교회를 세워 봉헌한(2016년 5월까지) 대의그룹 회장 채의숭 장로(노년에 신학을 공부하고 목사 안수를 받음)도 십일조를 철저히 드리는 신앙인이시다. 그는 신앙의 어머니로부터 주일 성수, 십일조 생활, 목사님께 순종할 것을 유산으로 물려받아 평생 그 말씀대로 살아가고 있다. 그는 "지금까지 십일조가 아니라 10의 3조 이하를 하나님께 드려본 적이 없다."고 했다. 그래도 그는 망하지 않았고 12개의 회사를 운영하는 기업인이 되어 하나님께 영광을 돌리고 있다.

먹을 양식과 심을 씨앗

하나님은 심을 것과 먹을 것을 주시는 분이시다(고후 9:6-12). 먹을 양식이 있고 심을 씨앗이 있다. 십일조는 심을 씨앗이다. 이렇게 심을 씨앗을 먹어 버리면 그 다음에는 심지 않았기에 따 먹을 열매도 없다. 그러기에 축복의 씨앗인 온전한 십일조만큼은 소중하게 구별하여 정성스럽게 심어야만 한다.

아무리 생활이 어려워도 축복의 씨앗인 온전한 십일조를 손대면 안 된다. 십일조를 필요한 곳에 써 버리면 결국에는 그 십일조만큼의 물질을 토해내게 되어 있다. 생각지 않은 사고나 건강의 문제로, 부도나 사기를 당함으로, 자녀들의 어려운 문제 등으로 결국 인생의 웅덩이가 터져 십일조 이상이 새어 나가고 만다. 이러한 생각지 못한 사건들이 인간적으로 보면 재수가 없고, 일이 꼬이고, 사람을 잘못 만나 생긴 것으로 보일지도 모른다. 그러나 영적으로 보면 결국 인생의 웅덩이가 터져 애쓰고 힘쓴 모든 것들이 쌓이지도 못하고 엉뚱한 곳으로 다 새어 나가 버린 것이다.

그러기에 하나님의 것을 하나님께 구별하여 드리는 것이 물질을 가장 의미 있고 복되게 사용하는 비결이다. 그러면 자신과 자녀들이 복을 받고 교회도 든든히 세워지게 된다. 주님도 이러한 십일조에 대하여 분명하게 말씀하셨다.

> 화 있을진저 너희 바리새인이어 너희가 박하와 운향과 모든 채소의 십일조는 드리되 공의와 하나님께 대한 사랑은 버리는도다 그러나 이것도 행하고 저것도 버리지 말아야 할지니라.　　　　　　　　눅 11:42

온전한 십일조

십일조를 드리되 온전한 십일조를 드려야만 한다. 십일조는 일용할 양식을 주시는 만물의 주인이신 하나님께 감사를 표하는 신앙 고백적인 행위요 물질의 축복의 씨앗을 심어 가는 필수적인 복된 행위이기 때문이다.

주님의 몸 된 교회를 세워 가라

십일조는 하나님께서 사랑하시는 성도들이 이 땅에서 물질적으로 부족함이 없도록 살아가게 하시는 축복의 씨앗이다. 아직도 십일조 생활에 문제가 있다면, 어떻게 하면 이러한 축복의 씨앗을 온전히 구별하여 하나님께 드리면서 살아갈 수 있을지 생각해 보고 결단하고 실행에 옮겨 보라.

경계선을
넘지 않는 사랑

성도들이 모인 교회는 '사랑'을 가장 많이 언급하면서 또한 특별히 강조한다. 그럼에도 서로 사랑하는 모습이 아닌 갈등과 애증과 분열의 민낯이 그대로 드러날 때가 많이 있다. 사랑한다고 하면서 왜 그 사랑이 상처가 되고, 분노로 변하고, 갈등과 분열을 야기시키는 것일까? 그것은 지켜야 할 기본과 경계선을 지키지 않기 때문이다. 사람과 사람 사이에도 행복해지려면 적당한 거리가 필요하다. 낯선 사람에게 허용되는 거리는 46센티미터라고 한다. 가족이나 연인은 15센티미터라고 한다. 아무리 가까운 사람이라 하더라도 이 제한된 공간 안으로 들어오면 불쾌감과 경계심을 느끼고 부담스럽게 생각하게 된다는 것이다. 김홍식 목사가 쓴『더 가깝지도 더 멀지도 않게』라는 책에 있는 내용이다. 사람과 사람 사이에서 행복해지고 싶다면 너무 멀지도 않게, 너무 가깝지도 않게 인간관계를 조절할 줄 알아야 한다는 것이다. 이것을 '불가원 불가근'이라고 말할 수 있다. "언제고 위급한 상황에서는 도움을 청할 수 있는 거리, 그러면서도 부딪쳐서 사고가 나지 않을 만큼의 거리를 유지하는 것이 복잡한 관계를 푸는 비결이다."라고 그는 말하고 있다.

잘못된 사랑

사랑한다는 핑계로 무례히 행하고 과도히 간섭하는 것은 잘못된 사랑이다. 사랑한다고 하면서 상식과 예의를 저버리는 것은 무례의 극치요 죄악이다. 고린도 교인들이 바로 이러한 잘못된 사랑에 빠져 있었다. 그들은 교회를 사랑한다는 핑계로 서로 간섭하고, 뜻이 맞지 않으면 나뉘어 파당을 지으면서 자기주장을 하고, 더 나아가서는 세상법정에 고소고발까지 하면서 싸웠다(고전 1장, 6장, 3:3). 사도 바울은 이러한 고린도 교인들 앞에서 잘못된 사랑에 대하여 단호하게 지적을 했다.

내가 사람의 방언과 천사의 말을 할지라도 사랑이 없으면 소리 나는 구리와 울리는 꽹과리가 되고, 내가 예언하는 능력이 있어 모든 비밀과 모든 지식을 알고 또 산을 옮길 만한 모든 믿음이 있을지라도 사랑이 없으면 내가 아무것도 아니요, 내가 내게 있는 모든 것으로 구제하고 또 내

몸을 불사르게 내줄지라도 사랑이 없으면 내게 아무 유익이 없느니라.

고전 13:1-3

올바른 사랑

고린도 교인들은 천사와 같은 기도를 하고, 신령한 말들을 하고, 힘써 구제하고 봉사하는 삶을 나름대로 열심히 살았다. 그런데 그러한 열심과 사랑이 서로에게 상처를 즈고 아픔을 주고 있었다. 그래서 사도 바울은 진정한 사랑이 무엇인지를 고린도 교인들에게 다음과 같이 분명하게 알려 주었다.

> 사랑은 오래 참고 사랑은 온유하며 시기하지 아니하며 사랑은 자랑하지 아니하며 교만하지 아니하며, 무례히 행하지 아니하며 자기의 유익을 구하지 아니하며 성내지 아니하며 악한 것을 생각하지 아니하며, 불의를 기뻐하지 아니하며 진리와 함께 기뻐하고, 모든 것을 참으며 모든 것을 믿으며 모든 것을 바라며 모든 것을 견디느니라.　　　고전 13:4-7

이 말씀은 한마디로 '올바른 사랑은 지켜야 할 경계선을 지키는 것이다.'라는 말씀이다. 사랑하기 때문에 서로를 가까이 한다. 가까이 하면서 관심을 보이고 사랑의 행동들을 나눈다. 그런데 고슴도치와 같이 그러한 관심과 사랑이 상대방을 찌르고, 아프게 하고, 피가 나게 만든다. 고슴도치의 가시와 같은 것이 바로 예의와 상식을 저버리고 넘지 말아야 할 경계선을 넘는 잘못된 사랑이라고 말할 수가 있다.

예의와 상식의 사랑의 경계선

사랑이 유지되고 상처가 되지 않으려면 서로 지켜야 할 예의와 상식의 경계선을 지켜야만 한다.

하나님은 에덴동산에서 태초의 인간 아담과 하와에게 이러한 사랑의 경계선을 분명하게 말씀하셨다. 하나님은 아담과 하와를 창조하시고 너무나도 좋아하시고 사랑하셔서 에덴동산의 모든 것들을 그들에게 다 주셨다. 그럼에도 하나님은 그들에게 "선악과의 경계선만큼은 넘지 말라."고 분명하게 말씀하셨다(창 2:15~17). 하나님이 그들에게 이렇게 말씀하신 것은 하나님의 권위를 인정하고 받아들이라는 것이다. 아무리 사랑하는 사이라 하더라도 하나님이 말씀하시고 경계하신 영역은 이유여하를 막론하고 침범하지 말라는 것이다.

주님께서도 세례 요한의 권위를 인정하고 예의와 상식이 통하는 사랑을 몸소 보여 주셨다. 주님이 보여 주신 사랑은 하나님이심에도 세례 요한의 권위를 인정하고 받아들이는 사랑이었다(마 3:13~17). 주님이 하나님이라 하더라도 세례 요한의 권위를 인정하고 무시하지 않는 것이 하나님의 의를 이루는 것이고 하나님이 기뻐하시는 뜻임을 분명하게 보여 주신 것이다. 이러한 주님이셨기에 제자들에게도 "서로 사랑하라."고 하신 것이다(요 13:34-35). 서로 사랑한다는 것은 예의와 상식을 가지고, 무례히 행하지 아니하며, 지켜야 할 경계선을 넘지 않는 것이다.

연소함을 업신여기지 않는 사랑

내가 영락교회 전도사로 2년 동안 강동 송파교구를 섬겼던 때의 일이다. 잠실 아세아선수촌에 살면서 그 지역을 구역장으로 섬기는 정 권사님이 계셨다. 그 구역은 매달 한 번씩 구역예배를 드렸다. 그런데 구역예배를 드릴 때마다 구역장은 교회로 차량을 보내 나를 태워 오도록 하셨다. 구역예배가 끝나면 다시금 교회까지 차량으로 나를 데려다 주도록 배려해 주셨다. 전철을 타고 가면 40분이면 가는 거리였다. 나는 32살의 젊은 나이에 신학대학원을 갓 졸업한 전도사였다. 2년이면 임기가 끝나고 다른 교회로 가면 언제 볼지도 모르는 전도사였다. 교회 안에는 수십 명의 부목사와 수십 명의 전도사들이 있었다. 나는 교회 안에서 아주 미미한 존재였다. 그럼에도 구역장인 정 권사님은 전도사인 나를 깍듯이 주님의 종으로 받아들이고 인정해 주신 것이다.

진정한 사랑은

진정한 사랑은 무례히 간섭하지 않고 넘지 말아야 할 경계선을 넘지 않는 것이다. 진정한 사랑은 역지사지의 심정으로 지켜야 할 경계선을 지키는 것이다. 이것은 예의와 상식이 통하는 언행심사를 가지고 살아가는 것이다. 주님의 종과 성도들은 서로 사랑하면서도 예의와 상식의 경계선을 지켜야만 한다. 주님의 종들 사이에서도 서로 예의와 상식을 지켜야 한다. 성도들 간에도 서로 예의와 상식을 지키면서 살아가야 한다.

다윗은 하나님의 권위를 인정하고 기름부음 받은 사울 왕과 지켜야 할 경계선을 지키면서 살려고 일평생 힘쓰고 애썼다. 그 결과 하나님의 마음에 드는 자가 되었고 존귀하고 형통한 복을 누리게 되었다(행 13:22). 그러나 사울 왕은 하나님의 권위와 지켜야 할 경계선을 무시했다(삼상 13:8-15). 하나님으로부터 기름부음을 받은 다윗과의 경계선을 무시하고 그를 죽이려고 했다. 그 결과 하나님께 버림받는 비극적인 인생이 되고 말았다.

잠언서의 말씀대로 살겠다고 결심을 하고 어려운 상황 속에서도 말씀대로 산 결과 세계적인 건축설계 회사를 일구고, 미국 젊은이들이 가장 입사하고 싶어 하는 회사를 만든 '팀하스'의 회장 하형록 목사는 그의 책『성경대로 비즈니스하기 Proverbs 31』에서 이렇게 말했

다. "우리 회사는 젊은이들 사이에서 '한 번 뽑은 직원은 끝까지 책임
지는 회사'로 알려져 있다." 그는 이렇게 직원들을 무례히 행치 않는
사랑으로 대했을 때 세계적인 기업으로 성장하는 복을 누리게 되었
다고 간증하고 있다.

주님의 종들의 생활을 책임지는 사랑

하나님의 나라와 교회를 사랑한다는 핑계로 주님의 종도, 성도
도 서로 감당하기 어려운 헌신과 희생을 대수롭지 않게 서로 요구할
때가 많이 있다. 내가 담임전도사로 있었던 교회는 한 가정의 헌신에
의해서 세워진 교회였다. 담임전도사 생활비는 그 가정에서 감당을
했다. 그러나 한 가정에서 전적으로 감당을 하다 보니 아끼고 아껴
써도 솔직히 한 가정이 생활하기에는 부족한 생활비였다. 물론 그 가
정에서는 아주 큰 헌신이요 귀한 금액이었다. 그러나 가정을 이루고
공부를 하면서 살아가는 나에게는 보름 정도의 생활비밖에는 안되었
다. 임신한 아내가 사과도 반쪽으로 나누어 아껴 먹어야 했고, 우유
는 일주일에 작은 것 하나 사 먹을 정드였다. 그 외에 부족한 생활비
는 양가 가족들과 주위 분들의 도움 없이는 불가능한 것이었다.

1983년 큰딸의 돌잔치에 중학교 친구가 축하해 주려고 왔었다.
그 친구는 내가 사는 형편이 너무도 딱하게 생각되었던지 부모님께

말씀을 드려서 나를 도와주도록 했다. 그래서 그때부터 신학대학원을 졸업할 때까지 매달 10만 원씩 직접 와서 주기도 하고 때로는 통장에 넣어 주기도 했다. 그 친구의 사랑과 은혜는 잊을 수가 없다. 마치 까마귀를 통해 엘리야에게 먹을 것을 공궤하신 하나님의 손길이 이렇게 나에게도 이 모양 저 모양으로 역사하셨고 그 은혜로 힘든 학창시절을 보내게 된 것이다.

특별히 대학교가 있는 광장동 한강변에서 살 때에는 주인댁 아주머니의 사랑과 도움이 큰 힘이 되었다. 처음에는 냄새나고 어두컴컴한 반 지하에서 살았다. 생활이 어려워 연탄을 살 돈이 없으면 주인댁 아주머니가 먼저 연탄을 가득 들여놓아 주시고 돈은 나중에 받아가셨다. 평상시에도 돈이 없으면 언제든지 말씀만 드리면 융통해 주셨다. 별미가 있으면 늘 나누어 주시는 것도 변함이 없으셨다. 너무도 많은 도움과 사랑을 받으면서 살아왔다. 지금은 두 아들이 사회적으로 다 잘 되었고 교회에도 열심히 다니고 계신다. 이 글을 통하여 감사를 드린다. 반 지하에서 사는 동안 어린 6살 된 큰딸과 1살도 안된 둘째 딸이 기침을 하고 토하고 얼굴이 창백하여 광장동에서 서울역에 있는 소화아동병원까지 3개월 이상 치료를 받으러 다녔다. 나중에는 2층에 있는 단칸방이 비어 그곳으로 옮기니 병세가 호전되기 시작했다.

우산육영회 장학금

이렇게 살면서도 나는 우산육영회 장학금을 받으면서 신학대학원을 다녔다. 우산육영회 장학금은 고 조차임 여사가 세운 재단이다. 우산 조차임 여사는 1905년 대구에서 출생, 결혼 직후 남편과 사별하고 함흥에서 갖은 고생 끝에 음식점을 차려 자수성가한 후 남북 분단 후 월남해 서울에 정착, 1954년 이래 서울 종로구 청운동 소재 청운각을 창업해 운영했다. 조 여사는 생전에 가정형편이 어려운 고교생, 대학생들의 학비를 남몰래 지원했다. 특히 자녀가 없었던 조 여사는 평생 모은 자신의 사재 일체를 "영재 육성에 쾌척한다."는 유언을 남겼다.

조 여사의 이러한 유지를 받들어 1968년 12월 장학재단인 '우산육영회'가 설립되었다. 우산육영회 재단 이사회는 당시 기초학문 분야에서 공부하면서 장학금 혜택을 받지 못했던 서울대 인문 사회계 대학원생들에게 등록금 전액은 물론 생활비를 충당하는 수준의 장학금을 매월 지급했다. 우산육영회로부터 장학금 혜택을 받은 서울대 대학원생 수혜자는 2005년 5월말 통계를 보면 총 420여 명에 이른다. 나도 1985년부터 1987년까지 3년 동안 동일한 조건의 장학금을 받았다. 신학대학원생은 총 2명밖에는 배당이 되지를 않았다. 1명이 졸업을 하면 1명을 충원하는 제도였다. 나는 어린 큰딸의 손을 잡고 버스를 타고 종로 2가 Y.M.C.A. 건물 2층에 있는 연회장에 1달에 1번씩 나아가 장학생들과 이사들과 함께 식사를 하고 장학금을 받아 왔다. 그 당시에 풀코스 경양식 요리 등을 맛볼 수 있었다. 큰딸과 장학금을 받으러 가는 날이면 둘 다 최고로 행복한 날이었다.

대학시절 애국지사 자녀로 받은 보훈장학금, 그리고 신학대학원 입학 당시 성적우수 장학생으로 우산육영회 장학금을 받지 않았더라면 나는 아무리 사모하는 믿음을 가지고 있었다 하더라도 학업을 제대로 마치고 주님의 종이 되기가 쉽지 않았을 것이다. 다른 사람과 다른 사람의 인생을 위하여 투자하는 것보다 더 귀하고 성스러운 것은 없다.

교단 차원에서도

교단 차원에서도 같은 주님의 종들로서 힘든 목회현장에서 고군분투하고 있는 동료들을 생각하고 배려하는 차원에서 그들의 품위와 자존감을 세워 줄 수 있는 정책적인 결단의 개혁들이 이루어졌으면 하는 바람이 있다. 그것은 총회 차원에서 책정하는 주님의 종들의 생활비에 대한 기본적인 호봉제도이다. 졸업을 하고 전도사로부터 담임목사에 이르기까지 목회 사역의 기간에 전국적으로 똑같은 생활비 호봉제를 책정하는 것이다. 아주 기본적이고 어느 교회에서든지 통용될 수 있는 생활비를 정하는 것이다.

그리고 매년 호봉제 표를 총회에서 제시하는 것이다. 그러면 소형 교회와 그 교회를 섬기는 주님의 종들은 매년 예산을 세우면서 치르는 홍역과 자괴감 같은 것들은 사라지게 될 것이다. 그러면 대형 교회 주님의 종들은 "우리는 뭐냐?"라고 반문할 것이다. 그래서 기타 목회활동비나 도서비, 목회연구비나 판공비와 같은 복지후생비 등은 소형 교회나 대형 교회가 그 교회 형편에 따라서 정하면 될 것이다. 주님의 종들이 세상 사람들과 같이 그렇게 엄청난 것들을 기대하지는 않는다. 그러나 최소한의 자존감과 품위를 유지할 만큼은 보호받고 싶어 하는 것이 힘없는 주님의 종들의 소박한 바람이다. 이러한 부분에 있어서 교회와 성도들의 말 한마디에 행복한 주님의 종이 되기도 하고, 낙심하고 좌절하는 주님의 종이 되기도 한다는 사실을 알았으면 좋겠다.

매주 감사헌금을 드리는 기쁨

나는 부교역자 시절부터 안타까운 마음으로 결단하고 지금까지 20여 년이 넘도록 실천하고 있는 것이 있다. 그것은 매주 3만 원씩 감사헌금을 드리는 것이다. 이렇게 결단하고 실행하게 된 데에는 그 연유가 있다. 어느 교회든지 당회나 제직회를 하다 보면 가끔씩 예산이 적게 들어온다든지, 교회 재정이 어려우니 부서별로 아껴 쓰라는 이야기들을 한다. 큰 교회라고 예산이 차고 넘치는 것만은 아니다. 수천 명이 모이는 교회도 헌금이 부족해서 재정부장이 말없이 자기 사비로 수천 만 원을 먼저 교회 통장에 입금을 했다가, 재정이 회복된 후에는 다시 찾아가는 경우도 보았다. 나는 혼자 마음속으로 계산해 보았다.

"항존직원들이 조금씩만 더 힘쓰면서 온전한 헌금생활을 한다면 재정이 차고 넘칠 텐데!"

그래서 그때부터 한 주에 3만 원씩 작정을 하고 지금까지 변함없이 감사헌금을 하나님께 드리고 있다. 있어서 남아서 드리는 것이 아니다. 나와 가족을 위하여 안 쓰고 드리는 것이다. 짐을 나누어지려고 하는 마음을 가지고 교회를 세우고 서로를 행복하게 만들어 가는 성도가 되었으면 좋겠다.

주님의 몸 된 교회를 세워 가라
다른 사람들을 사랑한다고 하면서 혹시나 상처를 주고 힘들게 한 일은 없었는지 생각해 보라. 그리고 그러한 결과가 주어졌다면 그 요인은 무엇인지, 그 해결 방안은 무엇일지 생각해 보고 기록하고 실천해 보라.

○
하나님이
가장 싫어하시는 것

하나님이 가장 사랑하시는 것

하나님은 우주 만물의 창조주이시며 구세주이시다. 그래서 하나님은 세상을 끔찍이도 사랑하신다(요 3:16). 그럼에도 하나님께서 가장 사랑하시는 것이 있다. 그것은 자신의 피값으로, 분신으로 세우신 교회와(행 20:28; 엡 5:25) 주님의 일꾼들과(계 1 20) 성도들이다(요 21:15-17).

부모가 가장 사랑하는 것은 자기 자녀들이다. 평상시에는 잘 드러나지 않아도 위기상황에 직면하게 되면 자식을 위하여 목숨이라도 내어 놓을 수 있는 것이 부모의 마음이다. 그래서 누가 자기 자식에 대하여 험담을 한다든지 해코지를 하면 부모는 가만히 있지를 않는다. 아무리 못난 자식이라 하더라도, 멍나니와 같은 자식이라 하더라도 부모에게는 자식이 전부이고 가장 귀한 존재이기 때문이다.

하나님 아버지의 마음이 바로 그런 마음이다. 지상에는 천차만별의 많은 교회들이 있다. 큰 교회도 있고, 작은 교회도 있고, 칭송받는 교회도 있고, 손가락질 받는 교회도 있다. 주님의 일꾼들도 마찬가지다. 세상 사람들이 볼 때에는 문제도 많고, 흠도 많고, 마음에 들지 않는 부분이 많을지라도, 하나님이 보실 때에는 다 귀한 하나님의 분신들이고 하나님의 자녀들인 것이다. 그래서 더 부족하고 흠 많고 문제투성이인 교회나 일꾼들이 하나님 보시기에는 더 안쓰럽고 그래서 더욱 연연해 하시는 것이다.

하나님이 가장 싫어하시는 것

그러기에 무슨 일이 있어도 교회와 주님의 일꾼들과 성도들에 대하여 함부로 대해서는 안 된다. 하나님이 가장 싫어하시는 것이기 때문이다. 하나님을 향하여 대드는 것보다 더 하나님이 노하시고 싫어하시는 것이 바로 교회와 주님의 일꾼들과 성도들에 대하여 비난하고 험담하고 해코지를 하는 것이다.

신앙생활을 하면서 교회를 사적으로 이용하려고 하는 교인들도 있다. 자신의 인맥을 넓히고, 교회와 성도들을 대상으로 사업을 하면서 이익을 챙기고, 심지어는 건축이나 음향시설 등을 맡아서 도와준다고 하면서 교회와 주님의 일꾼들을 힘들게 하고 시험에 들게 하는 경우도 있다. 어떤 경우에는 주님의 선교사역이라는 핑계로 호가호위 하면서 자신의 유익과 명예를 추구하는 정치적인 교회 지도자들도 있다. 이러한 인간적인 추한 작태들이 하나님께서 아주 싫어하시고 노하시는 행위일 수 있다는 사실을 간과해서는 안 된다. 무슨 일이 있어도 교회와 주님의 일꾼들과 성도들이 힘들어하고 어려움을 당하는 것을 하나님은 용납하시지 않으신다. 그래서 교회를 어지럽히고 성도들을 미혹하는 거짓선지자들과 적그리스도들을 주님께서는 재림하시는 그날 가장 먼저 산채토 지옥 불에 던져 버리시겠다고 요한계시록 19장 20절에서 말씀하신 것이다.

이스라엘을 괴롭힌 이방 나라들

하나님께서는 이스라엘 백성이 마음에 들지 않을 때가 많이 있었다. 그래서 앗수르나 바벨론과 같은 인생 막대기와 채찍으로 때리기도 하셨다(삼하 7:14). 이렇게 교회와 성도들에게 매를 댈 수 있는 분은 오직 하나님 한 분밖에는 없다. 자식에게 매를 댈 수 있는 자격이 부모에게만 있는 것과 같은 것이다. 우리가 다른 집안 자녀들이 마음에 들지 않는다고 그들에게 함부로 대할 수는 없다. 그들을 끔찍이 생각하는 그들의 부모가 있기 때문이다.

성경의 역사를 보면 이스라엘 백성이 하나님의 진노하심 가운데 인생 막대기와 채찍으로 맞을 때, 박수를 치고 좋아 하면서 비웃고, 오히려 더 힘들게 한 이방 나라들이 있었다. 그런데 하나님께서 화가

가라앉은 다음에는 반드시 하나님의 자녀들을 함부로 대한 이방 나라들에 대해서 진노하시고 심판의 채찍을 휘두르신 것을 볼 수 있다.

특별히 에스겔 25-32장에는 이스라엘 백성에게 비정했던 열방 나라들에 대한 심판의 말씀이 나온다. 하나님은 롯의 둘째 딸을 통하여 인척관계에 있는 암몬 나라에 대해서 진노하셨다(겔 25:3-4). 하나님은 에서의 후손인 에돔 나라에 대해서도 "유다 족속을 쳐서 원수를 갚았고, 원수를 갚음으로 심히 범죄했도다(겔 25:12; 오바댜)."라고 하시면서 대노하셨다. 하나님은 이스라엘의 멸망 가운데 불의한 무역을 하면서 부를 축적한 두로가 이스라엘을 향하여 "아하 만민의 문이 깨져서 내게로 돌아왔도다. 그가 황폐했으니 내가 충만함을 얻으리라 했도다(겔 26:2)."라고 말한 것을 기억하시면서 에스겔 26-28장까지 석장에 걸쳐 두로를 망하게 하시겠다고 말씀하셨다. 하나님은 더 나아가 이스라엘 백성이 하나님보다 더 의지하려고 했던 애굽(겔 29-32장)이나 앗수르(사 30-31장; 습 2:13; 나훔)나 바벨론(사 13-14장, 21장 등)에 대해서도 질투하셨고, 그들을 불쏘시개로 사용하신 것을 볼 수 있다.

이렇게 하나님께서는 이스라엘 백성을 때리실 때도 있었지만, 그것을 기뻐하고 좋아하고 비웃는 자들에 대해서는 결코 용납하지 않으신 것을 볼 수 있다.

주께 하듯

그러기에 우리는 교회와 주님의 일꾼들과 성도들을 귀하게 여기고 주께 하듯 대해야 한다(골 3:23). 자기가 마치 교회의 주인인 것 같이 좌지우지 하려고 하는 유혹과 교만과 언행심사를 버려야만 한다. 자기가 아니면 교회가 바로 세워지지 않는 것 같이, 자신이 마치 의의 투사인 것 같이 행동하는 착각에서도 벗어나야 한다. 자칫 잘못하면 가룟 유다와 같이 불의의 무기로 쓰임 받을 수 있기 때문이다(롬 6:12-13).

교회를 바로 세운다는 핑계로 싸움과 분열을 자초하는 경우들이 많이 있다. 교회 안에서 하나 되지 못하고 서로 옳다고 싸우는 것은 결국에는 모두가 다 피해를 보고 하나님의 영광을 가리는 일이 되고 만다. 결국 매를 드시는 분은 하나님이시라는 사실을 깊이 마음에 새기고 겸손히 엎드려 기도하고, 긍휼히 여기는 마음을 가지고 화평을 도모하는 하나님의 자녀들의 모습이 되어야만 한다(엡 4:29-32; 빌 4:8; 마 5:9). 이렇게 삼가 두렵고 떨림으로 교회와 주님의 일꾼들과 성도들을 겸손히 대하면서 신앙생활을 해야만 한다(빌 2:12).

주님의 종으로서 참 잘한 일

전에 사역하던 교회에서 장로들과 격한 갈등관계에 있었을 때에도 나는 강단에서 이러한 문제를 노출시킨 적이 없다. 아무리 힘들고 어려워도 새벽 강단을 무단으로 비운 적도 없다. 새벽까지 당회를 마치고 파김치가 되었어도 새벽 강단은 변함없이 아무 일 없었던 것 같이 지켰다. 그것은 아무것도 모르는 힘없는 성도들과 새롭게 등록한 성도들이 실족하면 안 된다는 주님의 종으로서의 사명감 때문이었다.

격한 갈등과 대립 속에서 어느 날은 장로들이 자신들의 자녀들까지 동원하여 나의 목양실로 들어왔다. 그 순간 맥이 딱 풀리고 말았다. "이것은 사람이 할 짓이 아니다."라는 생각이 들었다. 장로들과는 끝까지 싸울 수 있지만, 자식 같은 젊은이들 앞에서는 어른이라고 자처하면서 설교하는 주님의 종이 할 짓이 아니라는 생각이 든 것이다.

그래서 그 순간에 망설임도 없이 "다들 그만두고 나가세요. 두 주 후에는 교회를 떠나겠으니 다들 여기서 나가세요!"라고 소리를 쳤다. 내가 이렇게 행동한 것은 단지 "자식뻘 되는 젊은이들과는 싸워서는 안 된다."는 판단에서였다. 그리고 그들이 앞으로 살아가는 데 "내가 젊었을 때 주님의 종을 쫓아내는 데 앞장섰다."고 하는 평생 지고 가야 할 무거운 짐을 지워 주어서는 안 된다고 생각했기 때문이었다. 그래서 대책도 없이 사임을 선언한 것이다. 아무리 명분이 있고 진리를 사수하는 일이라 하더라도 자식 같은 젊은이들 앞에서 어른이라고 자처하며 설교하는 주님의 종이 할 짓은 아니기 때문이다.

○
교회는 긍정적인
신앙고백의 말로 세워진다

교회를 세우는 신앙고백의 말

사람들은 돈으로 교회가 세워지는 줄로 생각한다. 돈만 있으면 얼마든지 교회를 세울 수 있는데 돈이 없어서 아무것도 할 수가 없다고 안타까워하기도 한다. 그런데 정말 교회는 돈만 있으면 세워질 수 있는 것인가? 그러면 돈이 없으면 교회를 세울 수도 없고 교회를 위하여 아무것도 할 수 없단 말인가?

그러나 돈보다도 더 크고 중요한 것이 있다. 그것은 사람의 입에서 나오는 말이다. 사람의 생각과 말로 교회는 세워지기도 하고 무너지기도 한다. 그래서 주님께서는 베드로에게 이것을 분명하게 알려 주셨다. 마태복음 16장을 보면, 주님께서 제자들에게 "너희는 나를 누구라 하느냐(15절)?"라고 물으셨다. 그때 베드로는 "주는 그리스도시요 살아 계신 하나님의 아들이시니이다(16절)."라고 대답을 했다. 이러한 베드로의 말을 들은 주님은 이 신앙고백 위에 교회를 세우시겠다고 말씀하셨다(17-19절). 이렇게 신앙고백적인 말을 함으로 자신의 신앙이 세워지고, 다른 사람들의 신앙도 세워지고, 교회도 세워지게 되는 것이다.

불신앙적인 생각과 말

불신앙적인 생각과 말은 자신의 신앙도 무너지게 하고 다른 사람의 신앙도 무너뜨린다. 바로 이러한 일이 이스라엘 백성이 출애굽을 하여 바란 광야 가데스에서 가나안 땅을 정탐할 때에 일어났다. 민수기 13장을 보면, 하나님은 각 지파마다 한 명씩 열두 명의 지도자를 세워 가나안 땅을 40일 동안 정탐하게 하셨다. 그 결과를 각 지파의 지도자들이 보고하게 되는 데 여호수아와 갈렙은 한 목소리로 긍정적인 보고를 했다(30절; 민 14:6-9). 그러나 열 명의 지도자들은 부정적인 보고를 했다(31-33절). 이 말을 들은 백성이 낙담하여 밤새도록 모세와 아론을 원망하면서 울었다(민 14:1-2). 심지어는 애굽으로 돌아가자고 하면서 선동하기까지 했다(민 14:3-4). 이렇게 말 한마디로 이스라엘 백성공동체가 일대 혼란에 빠지게 된 것이다.

신앙고백의 말대로 행하시는 하나님

하나님은 이러한 이스라엘 백성의 부정적이고 불신앙적인 말대로 행하시겠다고 민수기 14장 26-38절에서 말씀하셨다. 그 결과 출애굽을 하여 홍해를 건넌 이스라엘 백성이라 하더라도 40년 동안 광야를 방황하다가 200만 명이나 되는 백성이 다 죽고 말았다. 그러나 긍정적이고 신앙고백적인 말을 한 여호수아와 갈렙은 광야에서 태어난 출애굽 2세들과 더불어 가나안 땅으로 들어가게 되었다. 이렇게 아무리 하나님의 크신 은혜를 체험한 성도라 하더라도 부정적이고 불신앙적인 말을 하면 그 결과는 파멸이요 죽음뿐이다. 그러기에 우리는 교회생활을 하면서 긍정적이고 신앙고백적인 언행심사를 가지고 교회를 세워 나가야만 한다.

교회는 긍정적이고 신앙고백적인 말로 세워진다

'할 수 있다.'는 말, 사람들을 '격려하고 살리는' 말, '한번만 해 봅시다.' 하는 말들이 성령님의 도우심 가운데 교회를 세우고 성도들을 세우게 된다. 반대로 '할 수 없다.'는 말, 사람들을 '낙심시키고 죽이는' 말, '해 볼 필요도 없다.'는 말들은 사탄의 역사 가운데 교회를 무너뜨리고 성도들을 실족하게 만든다. 10년 전쯤의 일이다. 신흥 개발지에 1,000평 정도의 땅이 나왔는데 평당 30만 원에서 50만 원 정도 했다. 넉넉잡아 5억이면 구입할 수 있는 땅이었다. 교회 항존직원들과 몇 번을 둘러보았다. 앞으로 주변에 대단위 아파트와 초등학교가 들어설 지역이었다. 다들 좋다고는 하는데 앞장서서 해 보자고 하는 사람은 없었다. 오히려 "개척 교회에서 성도들에게 부담을 주면 교회를 떠날 수도 있다."면서 성도들을 염려하고 생각하는 말들을 했다. 그렇다고 나에게 그 많은 돈을 들어들일 능력이 있는 것도 아니었다. 능력이 안되면 무리해서는 안 된다는 생각에 아쉽지만 포기할 수밖에는 없었다. 이러한 기회가 3번 정도 주어졌었다. 그러나 번번이 포기할 수밖에는 없었다. 그 후로 세월이 지나 그 주변에 아파트들이 들어서고 지금은 평당 수백만을 줘도 구하기가 어려운 땅이 되고 말았다.

지금도 아쉬운 것은 그 당시 내 곁에 여호수아, 갈렙, 안드레, 브리스길라와 아굴라 부부와 같은 긍정적이고 신앙고백적인 일꾼들이 있었더라면 이스라엘 백성처럼 그렇게 광야를 헤매지는 않았을 것이다. 그런데 이보다 더 기가 막히고 나를 힘들게 한 것은 그렇게도 성도들과 교회를 생각한다고 하던 그들이 장로가 되기를 원하다가 뜻대로 되지 않자 그만 추종하는 교인들을 데리고 나가 새로운 교회를 세워버린 것이다. 그러나 결국에는 또 뿔뿔이 흩어지고 말았다고 한다.

교회 안에서 회식 등을 하면서 먹고 쓰는 돈은 그렇게 많이 들어가는 비용이 아니라고 생각한다. 그것보다도 더 크고 무서운 것은 말한마디로 재정을 늘리기도 하고 축내기도 하고, 교회를 세우기도 하고 무너뜨리기도 하는 것이다. 한 사람이 말 한마디로 세워지면 재정도 늘어나고 교회도 세워진다. 한 사람이 말 한마디로 실족하게 되면 그만큼 재정도 줄어들고 교회도 무너지게 되는 것이다. 그래서 자신이 드리는 헌금보다도 더 크고 중요한 것이 바로 마음과 입에서 나오는 긍정적이고 신앙고백적인 말인 것이다.

나 가진 것 없어도

우리는 크게 가진 것이 없어도 얼마든지 사랑과 정성이 담긴 귀한 헌금을 하나님께 드리면서 교회를 섬기고 세울 수가 있다. 그것은 긍정적이고 신앙고백적인 생각과 말과 행동을 가지고 앞장서서 성도들에게 본을 보이면서 살아갈 때 가능한 일이다.

내 형제들아 너희는 선생 된 우리가 더 큰 심판을 받을 줄 알고 선생이 많이 되지 말라. 우리가 다 실수가 많으니 만일 말에 실수가 없는 자라면 곧 온전한 사람이라 능히 온몸도 굴레 씌우리라. 우리가 말들의 입에 재갈 물리는 것은 우리에게 순종하게 하려고 그 온몸을 제어하는 것이라. 또 배를 보라 그렇게 크고 광풍에 밀려가는 것들을 지극히 작은 키로써 사공의 뜻대로 운행하나니, 이와 같이 혀도 작은 지체로되 큰 것을 자랑하도다 보라 얼마나 작은 불이 얼마나 많은 나무를 태우는가.

혀는 곧 불이요 불의의 세계라 혀는 우리 지체 중에서 온몸을 더럽히

고 삶의 수레바퀴를 불사르나니 그 사르는 것이 지옥 불에서 나느니라.

약 3:1-6

네 입의 말로 네가 얽혔으며 네 입의 말로 인하여 잡히게 되었느니라.

잠 6:2

주님의 몸 된 교회를 세워 가라
다른 성도들이 교회를 섬기고 헌신하고 힘써서 헌금생활을 하는 모습을 보면서 자신은 어떤 생각을 하고 어떤 말을 했었는지 생각해 보그 기록해 보라. 그리고 자신은 못해도 다른 성도들에게는 더 잘 할 수 있도록 격려하고 용기를 줄 수 있는 말과 행동은 무엇일지 생각해 보고 기록해 보고 행동으로 옮겨 보라.

교회는 긍정적인 신앙고백의 말로 세워진다

제5장

목회 안에서 분재하기

지도자에게 가장 중요한 덕목은
옳고 그름을 판단하는 분별력이다.

이상적인
교회공동체의 모습

시대적 상황

오늘의 목회현장은 교회공동체를 세워 나가는 데 있어서 결코 유리한 상황은 아니다. 세상과 사람들의 가치관이 빠른 속도로 변하고 있기 때문이다. 이러한 시대적인 상황을 정리해 보면 다음과 같다.

첫째, 사람들의 삶의 방식이 전체주의에서 개인주의로 변해 가고 있다. 몇십 년 전만 해도 우리 사회는 농경사회요 대가족 중심의 사회였다. 그러나 지금은 대가족보다는 소가족 중심이고, 더불어 살아가는 것보다는 개인 중심적인 삶을 더 중요시하는 시대이다. 둘째, 경제적인 발전과 물질의 풍요로움 속에서 교회공동체에 대한 필요가 그전보다 훨씬 덜 하다는 것이다. 셋째, 새로운 시대사조인 포스트모더니즘에 의한 기존 권위와 질서를 무시하는 풍조이다. 이러한 풍조 속에서 에밀 브루너(Emil Brunner)가 교회의 쇠퇴 원인을 두 가지 차원으로 본 것 같이, 자유가 신앙인으로서의 의무 조항을 소멸시킨 것과 개인주의 사상의 등장이다.[1] 넷째, 교회는 더욱 권위주의적으로 굳어지고 매너리즘에 빠져가고 있다. 교회공동체의 리더들이 겸손하게 변하고 복음 앞에서 순수해져야 하는데 더욱 세속화되어 가고 있는 것이다. 이러한 시대적인 상황 속에서도 우리와 영원히 함께 하시는 주님이 계시기 때문에 우리는 소망을 가지고 평신도사역 구비를 향하여 나아갈 수 있는 것이다.

이상적 상황

이상적인 교회공동체의 모습이라면 예배공동체로 모인 예루살렘교회와 선교 지향적으로 나아가는 안디옥교회의 모습을 회복해 가는 것이다. 예루살렘교회는 부활 승천하신 주님에 대한 분명한 확신과 믿음을 가지고 순교를 각오하고 모인 교회이다(행 1–2장). 안디옥교회는 선교하는 교회로 그리스도인이라 일컬음을 받는 생명력 있는 성도들이 모인 교회(행 11:26), 선교를 위하여 금식하며 기도하고 선교사를 파송하는 교회(행 13:1–3)의 모습으로 오늘도 우리들에게 도전을 주고 있다. 이러한 예루살렘교회와 안디옥교회의 모습을 이상적으로 생각하면서 우리가 추구해 나가야 할 세 가지 교회공동체의 모습을

---

1 Emil Brunner, *The Christian Doctrine of the Church, Faith and the Consummation* (Philadelphia: Westminster Press, 1950), 93–94, 은준관, 『신학적 교회론 : Basileia와 Ecclesia의 관계를 중심으로』 (서울: 대한기독교서회, 1998), 34쪽.

제시한다. 그것은 하나님을 섬기는 성도공동체, 세상을 섬기는 제자공동체, 제자를 세우는 리더공동체이다.

하나님을 섬기는 성도공동체

하나님을 섬기는 성도공동체는 예배공동체이다. 사도의 가르침을 받아 떡을 떼며 기도하며 영적인 교제로 세워지는 교회이다(행 2:42). 하나님을 섬기는 성도공동체는 세속적인 종교인을 모아가는 것이 아니라 참 마음과 온전한 믿음을 가진 그리스도의 영으로 충만한 그리스도의 사람들을 만들어 가는 것이다(롬 8:9).

세상을 섬기는 제자공동체

세상을 섬기는 제자공동체는 훈련공동체이다. 교회와 사명의 자리를 생명같이 감당하는 책임감 있는 제자로 세워 나가는 것이다(계 2:10). 성장하는 교회는 평신도들의 활동 여부에 의하여 좌우된다. '평신도들에게 주어진 막대한 자원을 어떻게 개발하느냐?'에 대한 문제는 교회성장에 지대한 영향을 가져온다. 주님의 종이 아무리 일을 열심히 해도 평신도의 협조가 없다면 일의 능률이 저하될 수밖에는 없기 때문이다.

제자를 세우는 리더공동체

제자를 세우는 리더공동체는 선교공동체이다. 성도를 세우고, 일꾼인 제자를 세우고, 교회공동체으 구성원들을 성도로 제자로 세워 나가는 평신도리더를 만들어 가는 것이다. 자기 한 사람 열심히 봉사하고 충성하는 것만으로는 만족할 수 없다. 믿음과 젊음과 열정과 사람의 마음은 영원히 불변하는 것이 아니기 때문이다. 그러기에 대를 이어서 봉사하고 충성할 수 있는 일꾼을 세워 나가는 일은 자기가 땀 흘려 봉사하고 수고하는 사역보다도 더 중요하다. 우리는 사람 낚는 어부(마 4:19)가 되어야만 한다. 제자를 세워 가는 리더가 되어야만 한다(마 28:16-20). 이것이 "평신도사역 구비를 통한 선교 지향적 교회 만들기"의 궁극적인 목표인 것이다.

성도, 제자, 리더가 되라

나는 지금 어떠한 교회공동체의 일원으로 살아가고 있는지 생각해 보라. 단지 교회에만 다니는 교인인가? 아니면 물과 성령으로 변화되어진 성도인가? 자기를 부인하고 주님을 따르는 제자인가? 더 나아가 성도를 온전하게 하여 봉사의 일을 하게하며 그리스도의 몸 된 교회를 세워 가는 리더인가?

교회공동체의
장애요소

이상적인 교회공동체의 모습을 만들어 가는 데에도 생각지 않은 장애요소들이 있다. 주님께서 함께 하시고 도우심에도 우리에게는 우리가 감당하고 극복하고 개선해야 할 십자가와 같은 장애요소들이 있다. 그것은 확고한 신앙관과 교회관, 확고한 책임감, 확고한 리더십의 결여 및 부재의 문제이다. 누구나, 어느 교회공동체나 이러한 것들이 극복되지 않으면 교회와 하나님나라가 세워지는 데에 많은 시간과 장애를 초래하게 된다. 그러기에 주님을 의지하면서 이러한 장애요소들을 극복하기 위하여 최선을 다해야만 한다. 이것이 목회이며 신앙생활인 것이다.

하나님을 섬기는 성도공동체의 걸림돌은 확고한 신앙관과 교회관을 가진 성도들을 만나고 세우기가 쉽지 않다는 것이다. 왜 교회공동체에서 하나님을 섬기는 신앙생활을 해야 하는지에 대한 분명한 인식과 확신을 가지지 못하는 문제이다. 평신도들에게는 인본주의적이고 세속적인 생각과 가치관을 가지고 그대로 교회에서 교인으로 종교인으로 살아가려고 하는 육의 속성들이 존재한다. 그리고 평신도들의 신앙인격은 말씀과 기도와 교육과 훈련으로도 하루아침에 잘 변화되지를 않는다. 변화된다 하더라도 기회만 주어지면 그전의 모습으로 곧 되돌아간다. 오히려 더욱 완악한 모습으로 변질되고 굳어지는 경우들도 있다.[1] 이렇게 교회공동체의 기존 구성원들이 극복해 나가야 할 가장 큰 난제 중에 하나가 바로 타성에 젖은 신앙생활이다. 이러한 장애요소를 극복하기 위해서는 계속적인 훈련과 양육을 통하여 확고한 신앙관과 교회관을 가진 성도로 하나님과 교회를 섬기면서 살아가게 만드는 것이다. 이와 같이 교회공동체의 구성원들이 확고한 신앙관과 교회관을 가질 수 있도록 계속해서 중요한 교리와 가르침들을 설교해야만 한다. 중요한 설교말씀을 반복하면서 기도와 교육과 훈련과 양육의 과정들을 통하여 평신도들을 확고한 신

---

[1] 히 6:6; 딤전 1:19-20; 딤후 2:16-17.

앙관과 교회관을 가지도록 의식구조와 삶을 변화시켜야만 한다.

확고한 책임감의 부재

성도들이 은혜를 받으면 처음에는 열심히 충성스럽게 사역을 감당하는 제자로 살아간다. 그러나 시간이 지나면서 자신의 본래의 인간성과 의지와 가치관대로 신앙의 삶과 사역의 질이 드러나게 된다. 마음은 원이로되 육신이 약하기 때문이다(마 26:41). 확고한 책임감을 가지고 행동하는 제자에 대한 기대는 인고의 세월이 필요하다. 위에서 언급한 장애요소를 교회에서 해결하고 바꾸어 간다는 것은 많은 노력과 시간을 요구한다. 그럼에도 주님이 계시기 때문에 소망을 가지고 나아갈 수가 있는 것이다(요 14:12-14).

확고한 리더십의 부재

주님께서는 요한복음 17장 18절에서 "아버지께서 나를 세상에 보내신 것 같이 나도 그들을 세상에 보내었고"라고 말씀하셨다. 주님은 하나님과 제자들과 세상과의 관계성 속에서 자신에게 주어진 사명이 무엇인지를 잘 알고 계셨고 그것을 제자들에게도 알려 주셨다. 그것은 확고한 사명의식을 가지고 제자를 세우는 리더의 모습이었다. 신앙인들이 교회와 하나님의 나라를 세워 나가지 못하는 이유 중에 하나는 이러한 확고한 사명감과 리더십이 없이 살아가기 때문이다. 우리가 성도로, 제자로, 리더로 살아가야 하는 이유는 에베소서 4장 12절 말씀대로 "성도를 온전하게 하여 봉사의 일을 하게하며 그리스도의 몸"을 세워 나가기 위함이다. 이렇게 확고한 사명감과 리더십을 가지고 제자를 세워 나가는 리더의 모습으로 살아가게 만드는 것은 많은 수고와 기다림이 필요하다.

경건 훈련의
목표

경건의 훈련을 통하여 추구해 나가야 할 목표는 3가지이다. 첫째는 확고한 신앙관과 교회관을 확립해 나가는 하나님의 백성으로서의 '성도 되게 하는 훈련'이다. 둘째는 확고한 책임감을 가지고 세상을 사랑하고 섬기며 살아가는 '제자 되게 하는 훈련'이다. 그리고 셋째는 확고한 리더십을 가지고 다른 성도들에게 본을 보이면서 주님의 제자로 세워 나가는 '리더 되게 하는 훈련'이다.

성도 되게 하는 훈련

"교회 구성원들을 어떻게 성도되게 할 것인가?"에 대한 질문을 던지면서 그 해결방안을 찾아 가는 것이다. 주님의 종들이 먼저 인격적으로 신앙적으로 모범을 보이면서 믿음과 신뢰를 쌓아가고, 말씀과 교육과 훈련과 양육과 소그룹 모임들을 통한 영성 훈련을 강화하여 확고한 신앙관과 교회관을 가지고 살아가는 성도를 만들어 가는 일을 지속적으로 해야만 한다. 예배공동체로서의 하나님의 백성공동체임을 알게 하고, 문화명령(창 1:28)과 복음전도명령(마 28:19-20)의 통전적인 두 명령의 선교사명을 고취시키고, 부르심과 보내심의 소명과 사명을 가지고 살아가는 성도로 훈련하고 양육해 가야 한다. 그러면 주님의 제자가 되어 가는 성도가 될 것이다.[1]

제자 되게 하는 훈련

어떻게 세상을 섬기는 제자로 확고한 책임감을 가지고 살아가게 할 수 있을까? 주님께서는 자신의 제자가 되는 조건과 증거에 대하여 다음과 같이 말씀하셨다.

> 무릇 내게 오는 자가 자기 부모와 처자와 형제와 자매와 더욱이 자기 목숨까지 미워하지 아니하면 능히 내 제자가 되지 못하고, 누구든지 자기 십자가를 지고 나를 따르지 않는 자도 능히 내 제자가 되지 못하

---

1 고린도에 있는 하나님의 교회 곧 그리스도 예수 안에서 거룩하여지고 성도라 부르심을 입은 자들과 또 각처에서 우리의 주 곧 저희와 우리의 주 되신 예수 그리스도의 이름을 부르는 모든 자들에게 하나님 우리 아버지와 주 예수 그리스도로 좇아 은혜와 평강이 있기를 원하노라 (고전 1:2-3).
너희도 성령 안에서 하나님의 거하실 처소가 되기 위하여 예수 안에서 함께 지어져 가느니라 (엡 2:22).

리라.

눅 14:26-27

너희가 서로 사랑하면 이로써 모든 사람이 너희가 내 제자인 줄 알리라.

요 13:35

이렇게 자신을 희생하고 사랑하면서 살아가는 제자의 삶은 교회와 세상을 섬기는 삶이다. 이러한 섬김의 사역을 감당함에 있어서 평신도들에게는 확고한 책임감이 요구된다.

리더 되게 하는 훈련

누가 제자를 삼는 리더가 되어야 할까? 제자라면 누구나 제자를 삼아야 한다.[1] 하워드 핸드릭스(Howard G. Hendricks)는 "어떤 사람이 제자인가?"[2] 에 대하여 "배우는 사람, 따르는 사람(고전 11:1), 재생산 하는 사람"이라고 했다. 제자는 다른 사람을 예수 그리스도께로 인도해 가고 가르칠 수 있어야만 한다. 이렇게 제자 삼는 리더가 되는 것은 선택이 아니라 필수요 의무사항이다. 교회는 궁극적으로 '제자를 세워 나가는 리더공동체'가 되어야만 한다. 이러한 복음전도훈련의 목표점을

---

1 서은성, "평신도지도자학교를 통한 교회활성화," 미간행 박사학위 논문 (멕코믹신학교, 2003), 14쪽.

2 Howard G. Hendricks, "제자도," Howard G. Hendricks 외 7인 지음, *Cross Training*, 이건일 옮김, 『그리스도인의 8가지 기본 훈련』(서울: 생명의 말씀사, 2005), 195-201쪽.

정리해 보면 다음과 같다.

복음전도훈련의 목표점 [3]

4-P Evangelism	4-P 전도의 목표	적용 (신학자)	목표점 (필자)
4-P (Production)	4-P 제자훈련 전도인이 됨	K. S. Lee (이광순)	사명을 바로 감당할 줄 아는 그리스도인이 되는 것(리더)
3-P (Persuasion)	3-P 설득(교회로 인도, 그리스도인이 됨	C. Peter Wagner	설득시켜 그리스도인이 되게 하는 것(제자)
2-P (Proclamation)	2-P 선포(말로 전함) 복음을 듣고 이해함	John Stott	복음을 들려주는 것 (성도)
1-P (Presence)	1-P 현존(봉사, 무언) 삶, 도움 받음 사회 봉사 강조(W.C.C.)	Colin Williams	전도나 교육은 구체적으로 함께 생활하며 섬기는 것(교인)

성도, 제자, 리더가 되라

성도가 되고, 제자가 되고, 리더가 되기 위하여 자신이 지금 해야 하고 할 수 있는 일들은 무엇인지 생각해 보고 기록해 보고 실천해 보라. 예를 들어 말씀을 읽고 하루를 시작하고, 하루에 한 가지 이상 선한 언행심사를 표현하고, 교회에 주간에 한 번 이상 들려 기도해 보라. 그리고 자신이 교회에서 섬기고 봉사할 일들은 없는지 살펴보고 실천해 보라.

---

3 손윤탁, 『선교적 교회 직분론』(서울: 미션아카데미, 2008), 213쪽, 손윤탁, 『교회성장의 지름길』(서울: 성지출판사, 2002), 65쪽, 183-85쪽, 215-17쪽. 훈련의 목표점은 이해하기 쉽도록 필자가 설명을 추가한 것이다.

○

선교 지향적인
평신도사역

선교 지향적인 교회를 만들어 가야 하는 이유와 목적에 대하여 이광순은 "우리가 선교를 논하는 목적은 우리의 교회로 하여금 선교 지향적 교회(mission-oriented church)가 되게 하고, 교회의 생활 전반이 선교 지향적이게 하는 데에 있다."[1]고 했다. 선교 지향적인 교회는 복음을 전하는 일과 봉사하는 일이 온전히 이루어지는 교회를 말한다. 평신도들을 잘 훈련시켜 하나님의 군병으로, 복음의 사역자로, 세상 속으로 보내는 교회가 선교 지향적인 교회이다.[2] 주후 313년 밀라노 칙령에 의해서 기독교가 공인되기 이전에 박해 중에 있었던 교회공동체는 그 존재 자체가 선교적이었다.[3] 오늘날 한국 교회가 선교적 공동체로 전환하기 위해서 가장 중요한 일은 바로 교회공동체가 선교적

---

1 이광순, 이용원, 『선교학개론』(서울: 한국장로교출판사, 1994), 22쪽.
2 위의 책, 22-23쪽.
3 박보경, "한국 교회의 선교 지향적 교회 모델을 향하여," 「敎會와 神學」 제55호 (서울: 장로회신학대학교, 2003), 56쪽.

시스템으로 전환하는 것이다. 그러므로 교회가 선교적으로 되기 위해서는 먼저 교회가 선교적 시스템을 만들어 가야만 한다.[4]

예루살렘교회로부터 시작된 교회는 안으로 모여드는 구심적인 교회의 특징이 아니라 밖으로 뻗어 나가는 원심적인 선교의 특징을 가졌다. 이러한 교회는 본질적으로 선교적이었으며, 모든 교회의 구성원들은 선교사의 역할을 감당했다. 이 시기에는 하나님의 백성으로서 모든 그리스도인들이 선교사적 사명을 인식하여 주님의 부르심을 받고 끊임없이 세상으로 나아가며 세상과 교회의 경계지역에 서서 세상 사람들을 하나님의 백성으로 초청하는 일을 했다. 이것은 이들 모두가 선교사적인 삶을 살았다는 것을 의미한다. 이러한 선교적 공동체로서의 교회로의 전환이 바로 선교적 시스템의 구축이다. 이러한 선교 지향적인 교회의 시스템 구축은 부르심과 보내심의 선교 사명과 사회 봉사와 복음전도의 통전적인 두 명령의 선교사명을 염두에 두고, 선교적 공동체로서의 평신도사역을 구비해 가는 것이다.

부르심과 보내심

하나님께서는 아브라함을 믿음의 조상이 되게 하셨다(롬 4:11-17). 아브라함을 택하시고 부르신 것은 하나님을 예배하는 백성으로서 이

---

4 위의 책, 58쪽.

방인들에게 하나님의 축복의 통로가 되게 하기 위함이었다(창 12:1-3). 아브라함을 통하여 이스라엘은 열방을 향하여 복의 근원이 되는 하나님을 증거하는 택한 백성으로서의 소명을 부여받게 된 것이다. 이스라엘을 보고서 하나님을 알게 하려는 것이었다.

이스라엘은 이러한 소명을 감당하기 위하여 영적인 공동체로 하나님께 모여야만 했다. 이것이 구원의 특수성이다. 하나님의 특별하신 뜻을 이루기 위하여 이스라엘을 하나님의 백성으로 선택하시고 부르신 것이다.

그러기에 이스라엘은 하나님의 말씀대로 거룩한 백성으로 세상을 향하여 살아야만 했다. 이것이 하나님께서 이스라엘을 다시금 보내시는 사명인 것이다.[1] 그래서 구약성경은 처음부터 끝까지 선교의 정신 곧 하나님의 인간에 대한 보편적인 관심으로 가득하다. 이러한 구원의 보편성이라는 사상이 구약성경 전체에 퍼져 있고, 그것을 위한 하나님의 구체적인 활동이 이스라엘의 선택과 사역으로 드러난다.

이스라엘은 만민을 위한 전도자로, 표본으로, 예언자와 제사장

---

[1] 이러한 구약의 우주적 동기로써의 원심력은 ① 창 10장의 나라들의 목록 ② 아브라함과 이스라엘의 선택과 열방에 대한 관심 ③ 출애굽 시에 나타난 우주적 동기 ④ 룻기 ⑤ 솔로몬의 성전 완공 기도 ⑥ 엘리야와 엘리사와 이방 여인의 수종 ⑦ 요나서 ⑧ 사 40-55장 ⑨ 포로 후의 묵시 사상에 나타난 세계주의와 새 하늘과 새 땅(사 65:17-25) 등 많은 곳에서 나타나고 있다. 김명혁, 『宣敎의 聖書的 基礎』(서울: 성광문화사, 1990), 9-31쪽, Johannes Blauw, *The Missionary Nature of the Church : A Survey of the Biblical Theology of Mission*, 전재옥, 전호진, 송용조 공역,『교회의 선교적 본질』(서울: 한국장로교출판사, 1994), 33-60쪽. 이광순,『선교의 특수성과 보편성』(서울: 미션아카데미, 2008), 69-95쪽.

으로 하나님께서 선택하신 택함을 입었고, 이 선택 안에서 또한 이 일 즉 세상을 향한 구원의 보편성을 위하여 부르심을 받게 된 것이다.[2] 그러기에 우리는 모이면 예배드리고, 흩어지면 전도하는 교회가 되어야만 한다.[3]

문화명령과 전도명령

모든 것을 창조하시고 구원하시는 하나님이 우리 인간에게 위임시켜 주신 선교사역이 있다.[4] 그것은 바로 '문화적인 위임'[5]과 '복음적인 위임'[6]이다. 우리에게는 사명이 있다. 그것은 문화위임명령과 복음위임명령을 지켜 나가야 하는 통전적인 선교의 사명이다. 그것은 복음전도(개인 구원)와 사회 봉사(사회적 책임)이다. 이 '두 명령'[7]은 성경적인 것이며 통전적인 것이다. 전도와 사회 참여라는 문제는 모든 평신도 사역자들이 가져야 할 의무인 동시에 관심의 대상이 되어야만 한다.

---

2 Johannes Blauw, *The Missionary Nature of the Church: A Survey of the Biblical Theology of Mission*, 32쪽.

3 구두 수선공 출신으로 인도 선교사로 사역했던 윌리암 케리(1761–1834)는 침례교회연합회 모임에서 사 54:2–3을 가지고 "네 장막터를 넓히라. 이는 네가 좌우로 퍼지며 네 자손은 열방을 얻으며 황폐한 성읍들로 사람 살 곳이 되게 할 것임이니라"는 내용으로 여러 목사들에게 말씀을 전하며 하나님의 비전을 심어 주었다. 그는 늘 다음과 같이 말했다. "하나님으로부터 위대한 일을 기대하라. 하나님을 위해 위대한 일을 시도하라!"(Expect great things from God. attempt great things for God!).

4 손윤탁, 『교회성장의 지름길』, 79–80쪽, 166–72쪽, 132–83쪽.

5 The Cultural Mandate. 사회적 책임을 중시한다. 창 1 28, 2:15, 8:17; 마 22:37–39.

6 The Evangelistic Mandate. 개인적 구원을 강조한다. 창 3:9; 마 28:19–20; 막 16:15; 눅 24:48; 요 20:19–23; 행 1:7–8; 롬 10:13–15.

7 조지 피터스는 이것을 '두 명령'이라고 했다. George W. Peters, *A Biblical Theology of Missions* (Chicago: Moody Press, 1984), 166–68.

선교 지향적인 제자훈련

20세기에 들어와서 평신도의 위치와 사명이 재발견 되었고, 오순절 운동의 영향으로 성령의 은사에 대한 인식이 새로워지고, 교회론의 새로운 발전 등으로 목사 중심의 목회가 아니라 전 교회가 목회적인 책임과 사명을 가지고 있다는 성경적인 목회의 기초를 재발견하게 되었다.[1] 그래서 세상에서의 사역을 위하여 평신도를 구비시키는 역할에 바로 주님의 종들의 전문적인 역량과 지도력이 요청된다.[2] 이렇게 평신도들의 사역을 구비시키는 일은 주님의 종의 직무이다. 이러한 '구비시킴'의 헬라어 καταρτισμός(카타르티스모스)'는 명사로서 신약성경 에베소서 4장 12절에 단 한번만 사용되었다.[3]

> 이는 성도를 온전하게 하여 봉사의 일을 하게 하며 그리스도의 몸을 세우려 하심이라.

여기서 '온전하게' 한다는 말이 바로 καταρτισμός'다. 이 καταρτισμός'는 봉사의 일 등을 위한 준비를 갖추는 것이다.[4]

---

1 오성춘, "교회와 평신도," 이형기 엮음, 『교회의 직제와 평신도』(서울: 장로회신학대학교출판부, 2001), 75쪽.

2 윤철호, "평신도 신학," 『敎會와 神學』 제30호 (장로회신학대학교출판부, 1997 가을호), 30쪽.

3 R. Paul Stevens, *Liberating the Laity - Equipping All the Saints for Ministry*, 김성오 옮김, 『참으로 해방된 평신도 – 모든 성도를 구비시키는 사역』(서울: 한국기독학생회출판부, 2006), 34쪽.

4 이병철 편저, "성경 본문 원어사전 엡 4:12: 온전케," 『성경원어해석 대사전–바이블렉스 8.0

　‘제자’[5]는 주님을 따르는 자이며 배우는 자이고 본받는[6] 자이다. 이렇게 제자는 배울 스승이 있어야만 한다. 여기에서 평신도리더의 리더십이 요구되는 것이다. 그리고 배우려고 하는 제자가 있어야만 한다. 여기에서 훈련과 양육이 요구되는 것이다. 이렇게 본을 보이는 리더와 본받는 제자가 평신도사역 구비의 당사자들이다.

> **성도, 제자, 리더가 되라**
> 자신을 향한 하나님의 소명과 사명을 생각하면서 선교 지향적인 삶을 살아가는 문화명령과 복음전도명령을 어떻게 실천하며 살아가야 할지 구체적인 방안들을 생각해 보고 기록하고 실천해 보라.

CD』, 손윤탁, 『선교적 교회 직분론』, 169–79쪽.

5　제자(disciple)라는 헬라어 $\mu\alpha\theta\eta\tau\acute{\eta}\varsigma$(마데테스)’는 명사로, ‘배우다’라는 동사 $\mu\alpha\nu\theta\acute{\alpha}\nu\omega$(만다노)’에서 유래한 단어로 ‘배우는 자’, ‘생도’, ‘제자’를 의미한다. 이녕철 편저, “주제별 원어사전−제자,” 『성경원어해석 대사전−바이블렉스 8.0 CD』.

6　빌 2:5 이하; 고전 11:1.

○ 평신도사역 구비를 위한
영적 리더십

교회공동체의 영적 리더십 개발은 하나님을 섬기고 교회를 섬기며 성도들을 섬기기 위해서이다. 이렇게 영적 리더십이 개발되면 "성도를 온전하게 하여 봉사의 일을 하게 하며 그리스도의 몸(엡 4:12)"인 교회를 세우게 되기 때문이다. 이러한 영적 리더십의 개발은 섬김의 리더십 개발이다. 하나님과 하나님나라와 교회와 성도들을 세우기 위하여 섬기는 수고를 하는 것이다(마 6:33; 고전 15:58).

하나님의 부르심을 받은 평신도와 주님의 종들은 구체적으로 교회공동체와 세상을 섬기는 삶을 살아야만 한다(마 20:26-28; 요 10:11-12) 이것이 영적 리더의 모습이다. 박은규는 목회 리더십을 실천신학적으로 통전하고자 할 때 거기에는 네 가지의 형성이 필요하다고 했다. 그 네 가지는 "학문 형성, 영성 형성, 인격 형성, 전문성 형성"이다.[1]

---

1 박은규, "목회자들의 효과적인 지도력," 「신학과 현장」 제11집(목원대학교신학연구소, 2001), 37쪽.

나는 평신도사역 구비를 위하여 필요한 훈련을 '영성 훈련과 성품 훈련, 그리고 리더십 훈련'으로 정리했다.

영성 훈련

영성 훈련은 주님을 바로 알게 하는 것이다. 교회를 바로 알게 하는 것이다. 그리고 신앙생활을 왜 하는지, 그 이유를 알게 하는 것이다.

> 믿음으로 말미암아 그리스도께서 너희 마음에 계시게 하시옵고 너희가 사랑 가운데서 뿌리가 박히고 터가 굳어져서, 능히 모든 성도와 함께 지식에 넘치는 그리스도의 사랑을 알고, 그 너비와 길이와 높이와 깊이가 어떠함을 깨달아 하나님의 모든 충만하신 것으로 너희에게 충만하게 하시기를 구하노라.
>
> 엡 3:17-19

사도 바울이 다메섹 도상에서 부활하신 주님을 만나기 전에는 교회를 핍박하는 핍박자였다(딤전 1:13, 15; 행 8:1-3, 9:1-5). 그러나 주님을 만나고 바로 알게 된 다음에는 하나님의 일꾼으로 겸손하게 온전히 살게 되었다. 이렇게 주님을 바로 알게 되면 주님에 대한 신앙고백과 자신에 대한 고백이 성숙하고 겸손하게 달라진다. 이렇게 만들어 가는 것이 영성 훈련이다. 성경에서 보여 주는 바른 영성은 항상 삼각형의 관계로 이루어진다.[1] 나를 중심으로 하여 하나님과 교회와 세상과의 삼각관계 속에서 바른 영성은 복합적이고도 종합적으로 세워져야 한다. 이것을 도표화하면 217쪽 "바른 영성의 삼각형 관계"와 같이 된다.

성품 훈련

확고한 책임감을 가지고 세상과 교회를 섬기는 평신도사역 구비를 위해서는 영성 훈련도 중요하지만 인성 훈련도 중요하다. 특별히 인성 훈련은 성품 훈련을 의미한다. 신앙생활은 결국에 성품이라는 그릇 모양대로 만들어지기 때문이다. 그러기에 평신도의 인간성을 파악하는 일은 대단히 중요하다. 인간은 이성적인 존재인 것이 사실이나 동시에 감정적인 존재이다. 그러기에 때로는 지성보다는 감정이 앞서고, 결단하는데 있어서 감정이 큰 비중을 차지하기도 한다. 따라서 교회의 행정적인 차원에서도 평신도의 참여와 인간성은 언제나 고려되어져야만 한다.[2]

---

[1] 최장욱, 김선배, 김춘자 편저, "충성된 종이 되는 길," 『미국장로교 한인교회 제직 훈련교재』(미국장로교총회교육부, 1991), 135쪽, 고용수, "교육목회와 지도력 개발," 『敎會와 神學』 제31호 (장로회신학대학교, 1997 겨울호), 54쪽.

[2] Alvin J. Lindgren, *Foundations for Purposeful Church Administration*, 朴根遠 譯, 『敎會開發論』(서울: 대한기독교출판사, 1985), 128쪽.

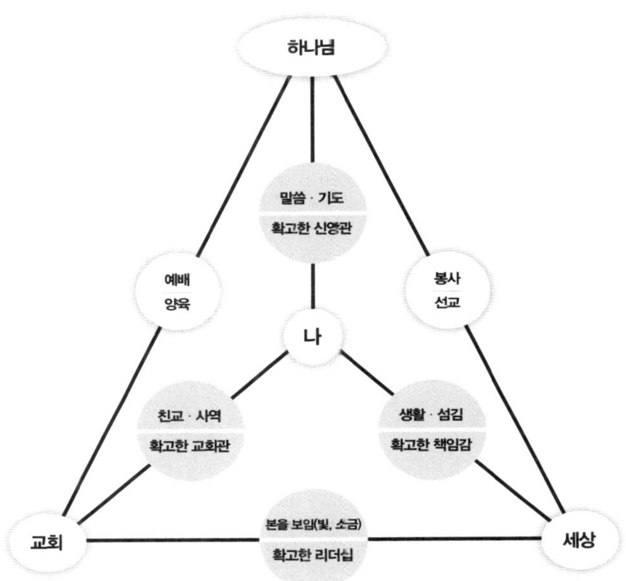

바른 영성의 삼각형 관계

　이러한 인간성 또는 성품, 즉 마음 밭에 대하여 주님께서는 믿음과 더불어 중요한 필수적인 것으로 말씀하셨다(마 13:1-30; 막 4:1-20; 눅 8:4-15). 주님은 누가복음 8장 15절에서 좋은 마음 밭과 같은 성품에 대하여 "좋은 땅에 있다는 것은 착하고 좋은 마음으로 말씀을 듣고 지키어 인내로 결실하는 자니라."라고 말씀하셨다. 성품 훈련은 바로 좋은 마음으로 말씀을 듣고 인내로 지키게 하는 훈련이요, 확고한 책임감을 가지고 순종하면서 사역을 감당하게 하는 훈련이다. 사도 바울도 믿음과 은사는 충만하지만 성숙한 성품이 갖추어지지 못하여 서로 싸우고 분열하는 고린도교회를 향하여 "내가 자녀에게 말하듯 하노니 보답하는 것으로 너희도 마음을 넓히라(고후 6:13)."고 했다.

리더십 훈련

성도와 제자 중에서 리더를 발굴하고 세워 다른 사람을 성도로 제자로 만들어 가는 것은 아주 중요한 일이다. 이러한 재생산 시스템을 통하여 하나님의 나라는 30배, 60배, 100배로 확장되어 가기 때문이다. 자기 한 사람이 고기 잡는 전문 어부가 되는 것도 중요하다. 그러나 다른 사람을 전문 어부로 훈련하고 만드는 선생과 같은 리더가 되게 하는 것은 더욱 중요하다. 이러한 차원에서 평신도사역을 구비해 나가는 데 선생과 같은 리더를 세워 나가는 것이 리더십 훈련이다. 이러한 리더십 훈련을 통하여 제자 삼는 리더가 세워진다. 이러한 리더는 주님의 말씀과 같이 "가서 모든 족속으로 제자를 삼는(마 28:18-20)" 제자이다. 그리고 "성도를 온전하게 하여 봉사의 일을 하게 하며 그리스도의 몸을 세우는(엡 4:12)" 제자이다.

자기 한 사람 수고하는 것으로 만족해서는 안 된다. 이것은 기본이다. 다른 사람을 교회를 위하여 사역자로 만들어 가는 사명을 주님의 제자는 부여 받은 것이다. 그러기에 성도는 다른 사람을 제자 삼는 리더의 모습이 되는 것을 최종 목표로 삼아야 한다.

목회란 무엇인가

나는 주님의 종이 되고 시간이 지남에 따라 '목회가 무엇인가?' 하는 정체성의 혼란과 무기력감에 방향감각을 상실한 때가 많이 있었다. 그래서 이러한 슬럼프를 극복하기 위하여 대학원에서 선교학을 공부하게 되었다. 그러면서 목회방침과 정책의 방향을 5가지로 분명하게 설정할 수 있었다. 그것은 성도의 제자화, 제자의 리더화, 복음 전도, 지역사회 봉사, 세계 선교이다. 주님의 종이 이 5가지를 목회의 최종적인 목표로 설정한다면 방황하지 않고, 좌로나 우로나 치우치지 않으면서 건강한 목회와 건강한 교회를 세워 나갈 수 있을 것이다.

릭 워렌(Rick Warren)은 『목적이 이끌어 가는 교회: 새들백교회 이야기』라는 책에서 교회의 조직을 동심원적 구조로 '5개의 헌신의 동심원'과 '4개의 평생 개발 과정'으로 보여 주고 있다.[1] 교회의 목표는 고

---

1 Rick. Warren, *The Purpose Driven Church: Growth Without Compromising Your Message & Mission*, 김현회, 박경범 옮김, 『목적이 이끌어 가는 교회 : 새들백교회 이야기』(서울: 도서출판 디모데, 1997),

회 구성원들을 바깥쪽 원(낮은 헌신도, 미성숙)에서 안쪽 원(높은 헌신도, 성숙)으로 옮기는 것이다. 새들백교회에서는 이 과정을 '사람들을 지역사회에서 핵심 멤버로 옮기기'라고 부른다.[2] 이것을 아래의 "5개 헌신의 동심원" 도표로 표현할 수 있다.

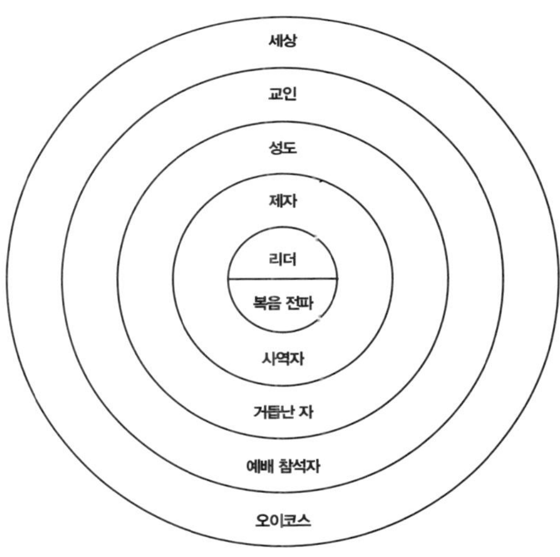

5개의 헌신의 동심원

또한 릭 워렌(Rick Warren)의 '평생 개발 과정'은 야구 베이스의 4단계와 같은 모양으로 양육과정을 설정하여 그리스도를 알아감으로 '교

148쪽.
2 위의 책, 149쪽.

인애로의 헌신'에 이르게 한다.[1] 여기에서 다시 그리스도 안에서 성장하게 함으로 '성숙에로의 헌신'에 이르게 한다. 여기에서 다시금 그리스도를 섬기게 함으로 '사역에로의 헌신'에 이르게 한다. 그리고 그리스도를 전파함으로 '사명에로의 헌신'으로 온전히 서게 한다. 이러한 과정을 통하여 '교인 언약'을 발견하고, '성숙 언약'을 발견하고, '사역 언약'을 발견하고, '사명 언약'을 발견하게 된다. 이것을 평신도사역 구비를 위한 도표로 표현하면 223쪽 "4개의 평생개발 과정"과 같다.

나는 평신도사역 구비를 통한 선교 지향적 교회 만들기의 목회 방침과 정책으로 '복음전도'로 교회 구성원들을 유입하고, '성도의 제자화', '제자의 리더화'를 추구하여, '지역사회를 섬기고 봉사'하여 칭송받는 교회로 만들어 가며, 최종적으로 '세계 선교'를 이루어 가는 다섯 가지의 목회방침과 정책의 틀을 설정했다.

복음전도

아무리 양육과 훈련이 잘 되어 있는 교회라 하더라도 전도가 되어 새 가족이 들어와야 양육도 하고, 제자 삼는 리더도 세워지는 것이다. 이런 점에서 황금 어장과 같은 서울 근교 신흥 아파트단지 같은 곳은 많은 가능성을 가지고 있다. 그러나 폐쇄적이고 인구 유입과 이

1　위의 책, 148쪽.

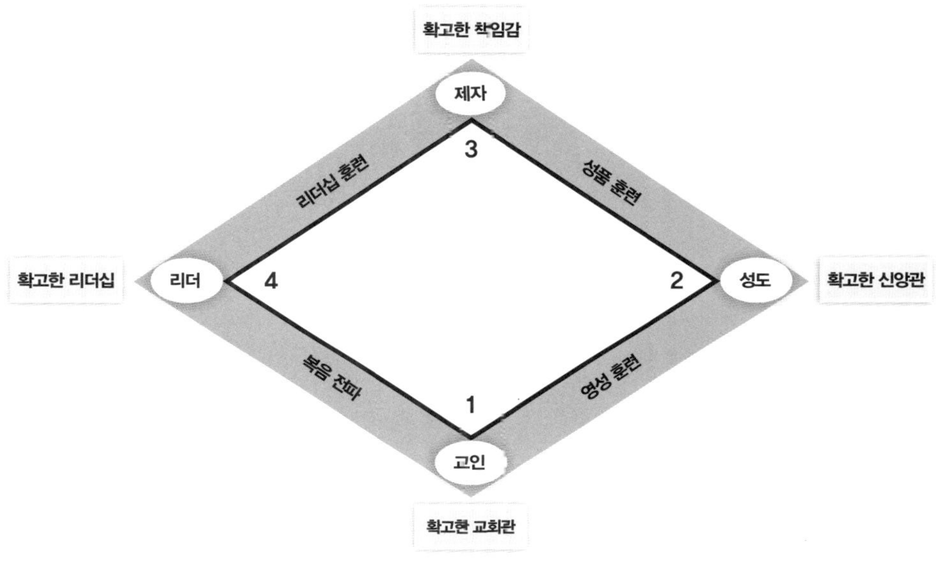

4개의 평생개발 과정

동이 없는 지방 소도시와 같은 곳에서는 새 가족이 수혈된다는 것은 그렇게 쉬운 일이 아니다. 그럼에도 전도하지 않으면 결국에는 교회가 침체되고 쇠퇴해 간다. 그러기에 전도는 때를 얻든지 못 얻든지(딤후 4:1-5) 모든 교회 구성원들이 생명을 걸고 힘써야 하는 사역이다.

성도의 제자화

새 가족이 교회에 출석하자마자 곧바로 양육에 착수하는 것은 무엇보다도 중요하다. 새 가족은 교회 출석과 더불어 자신의 모든 기존 사고와 행동체계에 변화가 일어나게 되므로 영적 안정을 위해서는 가능한 빨리 양육에 착수하는 것이 바람직하다[1] 이렇게 새 가족을 양육해 나감으로 확고한 신앙관과 교회관을 가지고 책임감 있게 주님이 주신 사명의 사역을 감당하는 제자로 만들어 가게 되는 것이다.

제자의 리더화

허일룡은 "교인들로 하여금 배우는 자로서 제자가 아니라 보내심을 받은 자로서의 사도가 되도록 훈련하여야 한다."[2]고 했다. 성도가 제자가 되는 것도 훌륭한 일이요 대단한 일이다. 그러나 혼자 열심히 예배드리고 봉사하고 선교하는 것으로 만족한다면 아쉬움이 남는다. 추수할 것은 많은데 혼자 수고하다 끝나면 누가 남은 추수를 할 것인가?[3] 그러기에 교인을 자기처럼 신실한 제자로 양육하고 훈련하여 새롭게 리더로 세워 나가야 한다. 이러한 재생산의 개념이 모든 양육과 훈련에 계획적으로 적용되어야만 한다.

지역사회 봉사

교회는 세상을 외면할 수 없다는 시대적 요청에 따라 지금까지

---

1 허일룡, "21세기 목회와 성장 비전," 『順神大學校 敎授論叢』 제10호 (1997), 189쪽.
2 위의 책, 191쪽.
3 마 9:36-38; 눅 10:1-2.

전통적으로 치중해 오던 모이는 교회(ἐκκλησία)에서 흩어지는 교회(διασπό
ρά)로써의 봉사가 더욱 중요시 되었다. 모든 교회 구성원들은 봉사자
들이며, 봉사하도록 부르심을 받은 사역자들이다.[4] 교회 구성원들의
봉사는 주님의 봉사적 직무에 그 근거를 두고 있다. 주님은 이 세상
에 섬기러 왔다고 하셨다(마 20:28). 주님께서 이 세상에 섬기러 오셨고,
평생에 섬기는 일을 하셨다면, 우리들도 이 세상에서 섬기는 일을 하
여야만 한다. 하나님의 백성은 목회(Ministry, 봉사)하기 위하여 부르심을
받았다. 흔히 목회라는 말은 성별된 주님의 종들에게만 관계되는 것
으로 생각하나 디아코니아(διακονία, 봉사 혹은 목회)는 전 교회 구성원들의
임무이다.[5] 교회공동체는 이러한 섬김과 나눔을 통하여 지역사회로
부터 칭송받는 교회(행 2:47)가 되어야만 한다. 이렇게 지역사회의 마음
을 얻지 못하면 교회의 미래는 보장할 수가 없다.

---

4 롬 12:6–8; 고전 12:7–11.

5 Neil Braun, *Laity Mobilized: Reflections on Church Growth in Japan and Other Lands* (Grand Rapids,
Michigan: Eerdmans, 1971), 105쪽, 주님께서 가르치신 종의 리더십은 섬김의 사역(눅 22:26–27)
과 밀접한 관계가 있다. 교회는 섬겨야 할 몸이지 다스리는 기관이 아니다. 교회의 다스림(치리)이
란 어디까지나 종으로 섬기는 일을 통해 나타나야 한다. 그러나 교회의 리더는 무작정 교인들을 섬
기는 것이 아니라 발을 씻어 주는 섬김과 봉사를 통해 교회 전체가 서로의 발을 씻어 주는 섬김의
공동체가 될 수 있도록 추진하는 적극적인 역할을 해야 한다. 이렇게 해서 그리스도의 몸 된 교회
에 속한 모든 지체들이 서로 의존하고 서로 돌보는 종 된 리더들의 공동체가 되어야만 한다. 종 된
교회의 리더십은 모두 함께 하나님나라를 위해 기도하고, 함께 계획하고, 함께 실천하며, 함께 헌
신하도록 섬기는 자이다.

세계 선교

크레머(Hendrich Kraemer)는 평신도들이 세계 속에서 참된 그리스도인으로 살아가야 한다고 강조한다.[1] "하나님이 세상을 사랑하신"(요 3:16) 것과 같이 우리 모두도 세상을 사랑해야 한다. 주님께서 제자들에게 "가서 모든 족속으로 제자를 삼으라."(마 28:19)고 마지막 당부의 말씀(명령)을 하신 것 같이 세계 선교는 지상에 있는 모든 교회의 영원한 사명이다. 이러한 목회의 모든 것을 종합하여 표현하면 227쪽과 같다.

> **성도, 제자, 리더가 되라**
> 목회가 무엇이라고 생각하는가? 무엇을 위하여 목회를 하고 있고, 앞으로도 어떻게 목회를 해야 한다고 생각하는가? 자신의 목회에 대한 이해와 목양사역에 복음전도, 성도의 제자화, 제자의 리더화, 지역사회 봉사, 세계 선교에 대한 방향과 정책이 어느 정도 설정되어 있고 실행되어지고 있는지 살펴보라.

---

1 Hendrik Kraemer, *A Theology of The Laity*, 柳東植 譯, 『平信徒 神學』(서울: 대한기독교서회, 1979), 124-31쪽.

지역사회 봉사
제자의 리더화
확고한 리더십
확고한 책임감
리더십 훈련
성품 훈련
제자
성도
목회
리더
교인
복음전파
성경 훈련
확고한 교회관
확고한 신앙관
세계 선교
성도의 제자화
복음전도

제6장

분재신학 안에서 더욱 고고(高古)하게

목사는 구도자이기를 자척한 사람이다.
그러기에 세상을 감동시키면서 살아갈 수 있어야만 한다.

○
한 그루의 분재로
지족하며 살리라

각양각색의 인생

꽃 하나를 봐도 백일홍도 있고 장미도 있고 할미꽃도 있고 코스모스도 있다. 마찬가지로 지구촌에서 살아가고 있는 70억이 넘는 사람들도 저마다 개성과 능력과 삶의 자리를 가지고 서로 돕고 의지하면서 살아간다. 그러기에 중요하지 않은 사람이 없고 중요하지 않은 일이 없다. 사람과 동물과 곤충과 미생물과 철광석과 눈에 보이지 않는 에너지원까지 모두가 다 소중하고 필요하다.

하나님의 뜻을 이루어 가는 인생

인생도 마찬가지다. 빈부의 귀천이 있을 수가 없다. 모두가 다 각자의 자리에서 하나님의 뜻을 이루어 가는 것이기 때문이다(고전 12장). 그러기에 차별이 있어서는 안 된다. 수고한 대로 대가를 지불받고 대우받는 밝고 투명한 사회가 되어야만 한다. 모두를 다 소중하게 생각하고 대할 수 있는 상식과 예의와 성숙함이 필요하다.

우리 성도들은 이렇게 지족하는 마음을 가지고(딤전 6:6-19), 하나님이 맡겨 주신 삶의 자리에서 믿을 만하고 맡길 만하고 변함없고 신실한 모습으로 충성스럽게 살아가는 믿음의 사람들이 되어야만 한다(고전 4:1-5; 계 2:9-11).

오늘도 분재신학의 하나님께서 만물과 우리 모두를 원하시는 모습으로 만들어 가신다는 사실을 굳게 믿고 확신하면서(롬 9:20-24), 자신의 삶의 자리에서 겸손하게 지족하는 마음을 가지고(딤전 6:6-19), 항상 기뻐하고 기도하고 감사하면서(살전 5:16-18) 한 그루의 분재의 모습으로 살아가고자 한다(롬 9:20-24).

> **하늘의 상과 이 땅의 믿음의 유산을 바라보며 살라**
> 자신의 삶의 자리에 자신이 존재하지 않는다고 생각해 볼 때 어떤 문제들이 발생하게 될지 생각해 보라. 그리고 자신의 삶의 자리가 하나님 안에서 어떤 의미가 있는지 생각해 보고 기록해 보라.

오늘을 내 인생의
최고의 날로 살리라

인생은 하나님이 주신 최고의 선물

인생은 하나님이 우리에게 주신 최고의 선물이다. 하나님 같이 자유의지를 가지고 책임적인 존재로 주어진 인생을 살아보라고(창 1:28, 9:1, 7) 하나님이 우리에게 주신 이 땅에서의 유일한 선물이요 기회가 바로 인생인 것이다. 그러기에 '우리가 어떤 인생의 그림을 그려서 하나님께로 가져갈 것인가?'는 전적으로 우리 자신들이 감당해야만 하는 몫이다(마 25:14-30).

오늘도 우리는 각자의 인생의 그림을 그려가고 있다. 이렇게 일평생 심혈을 기울여 그려가는 미완성의 인생의 그림을 함부로 망칠 사람은 없을 것이다. 유명한 화가일수록 더욱 값나가는 멋진 한 폭의 그림을 남기기 위하여 끝까지 최선을 다할 것이다. 우리의 남은 인생을 이렇게 살아가야 한다. 하루하루 덧칠을 해 나가는 인생의 작업은 매 순간이 중요하다. 그리고 화폭에 그려진 미완성의 그림이 오늘 나의 인생의 진정한 모습이다.

오늘이 내 인생의 최고의 날

오늘 내 인생의 그림을 덧칠해 나가는 순간은 내가 할 수 있는 최고의 작업이다. 오늘 내가 어떤 생각을 가지고, 어떤 물감의 색체를 가지고, 어떻게 하루의 인생의 그림을 그려 나가는가는 아주 중요하다. 그러기에 오늘을 내 인생의 최고의 날로 생각하면서 살아가야 한다. 오늘을 음미하고 감상하면서, 행복한 날로 의미 있는 날로 살아가려고 최선을 다해야 한다. 오늘의 행복과 만족이 없다면 내일도 오늘과 같이 행복과 만족을 기대할 수가 없기 때문이다.

오늘도 바르고 진실하고 정직하게, 하늘을 우러러 한 점 부끄러움이 없이, 인생의 그림을 그리며 살아가려고 노력해야 한다(딤전 1:5, 19). 오늘도 아름답고 여유롭고 품격 있게 행복한 그림을 그리면서 살아가야 한다(시 37:25–31). 한번 덧칠을 하면 돌이키기 어려운 인생의 흔적이 남기 때문이다(눅 12:13–21). 오늘도 다른 사람들에게 진한 감동을 줄 수 있는 겸손과 진실함과 섬김과 사랑의 색감과 덧칠로 미완성의 아름다운 인생의 그림을 그려 가고자 한다(요 13:34–35).

오늘을 내 인생의 최고의 날로 살아가기 위하여 날마다 해야 할 일 7가지 정도를 생각해 보고 기록하고 실천해 보라.

먼저 사람이 되고,
성도가 되고, 주님의 종이 되리라

사도 바울의 신앙인격

사도 바울은 세월이 지나면 지날수록 더욱 겸손해지고 성숙해져 가는 신앙인격을 보여 주었다.

사도 바울은 주후 55년경에는 자신을 그래도 사도 중의 한 사람으로 생각하면서 말한 것을 볼 수 있다.

> 나는 사도 중에 가장 작은 자라 나는 하나님의 교회를 박해했으므로 사도라 칭함 받기를 감당하지 못할 자니라. 고전 15:9

그런데 61년에서 63년경에는 사도라기보다는 성도 중에서도 지극히 작은 자라고 고백하는 겸손함과 성숙함을 보여 주고 있다.

> 모든 성도 중에 지극히 작은 자보다 더 작은 나에게 이 은혜를 주신 것

은 측량할 수 없는 그리스도의 풍성함을 이방인에게 전하게 하시고.

엡 3:8

그런데 63년에서 67년경에는 자신을 죄인 중에 괴수라고 고백하고 있다.

미쁘다 모든 사람이 받을 만한 이 말이여 그리스도 예수께서 죄인을 구원하시려고 세상에 임하셨다 했도다 죄인 중에 내가 괴수니라.

딤전 1:15

이러한 사도 바울의 고백 앞에서 숙연해지지 않을 수가 없다. 사도 바울과 같은 대선배의 입에서 어떻게 저런 고백이 나올 수가 있단 말인가!

먼저 사람이 되어야

나는 주님의 종이 되기 이전에 성도가 되었으면 한다. 나는 성도가 되기 전에 먼저 인간다운 사람이 되었으면 한다. 그러면 그리스도의 향기를 발하고(고후 2:15), 생명의 냄새를 발하며(고후 2:16), 착한 행실로 하나님께 영광을 돌리는(마 5:16) 복 있는 신앙생활을 할 수 있지 않을까?

믿음은 준비된 신앙인격의 그릇 모양대로 담겨지고 만들어진다. 자신의 신앙인격을 위하여 버려야 할 것들과 취해야 할 것들을 생각해 보고 기록하고 실천해 보라.

교회와 함께 살고,
교회와 함께 죽으리라

같은 현실 앞에서

최근에 발생한 해양선박 침몰사고 중에 비교가 되는 것 두 가지가 있다. 오룡호 사건과 세월호 사건이다. 이 두 선박침몰사고 현장에서 정반대되는 행동을 보인 선장이 있다. 46세의 김계환 오룡호 선장과 70세의 이준석 세월호 선장이다.

오룡호 사고는 러시아 베링해에서 한국 시각으로 2014년 12월 1일 오후 2시경에 사조산업 501 오룡호가 좌초 및 침몰한 사건이다. 침몰 당시 오룡호에는 한국인 11명을 포함해 총 60명이 탑승하고 있었다. 오룡호의 김계환 선장은 침몰 당일인 1일 오후 1시 14분께 동생에게 국제전화를 걸어 "배가 침몰하고 있다. 시간이 없다."는 말을 남겼다. 김 선장은 비슷한 시각 베링해에서 조업 중이던 69 오양호 선장에게도 무선교신을 통해 "이 배와 함께 끝까지 가겠다."는 마지막 무선을 남겼다. 그는 회사로부터 퇴선 지시를 받았음에도 배와 함께 장렬한 죽음을 맞이했다.

세월호 사고는 2014년 4월 16일 오전 8시 50분경 전라남도 진도군 조도면 부근 해상에서 청해진해운 소속의 인천 발 제주행 연안 여객선이 전복되어 침몰한 사고다. 이 사고로 탑승인원 476명 중 295명이 사망하고 9명이 실종되었다. 그런데 304명의 생명을 뒤로 하고 선장 이준석과 선박직 승무원들이 1차로 먼저 탈출을 하여 생명을 부지한 부끄러운 일이 일어나고 말았다.

주님의 사랑 앞에

주님은 우리를 위하여 죽으심으로 우리를 향한 사랑을 보여 주셨다(롬 5:8). 그런데 우리는 주님과 교회를 위하여 어떤 선장과 승무원의 모습을 보여 주면서 살아가고 있는가(마 16:23-27)? 나의 영달과 이해관계를 생각하면서 나 몰라라 하면서 살아도 되는 것인가(마 12:30)? 아니면 이름도 없이 빛도 없이 주님과 함께, 몸 된 교회와 함께 살기도 하고 죽기도 할 수 있을까(롬 14:8; 빌 1:20-21)? 주님과 교회를 사랑하되 의의 무기로(롬 6:13), 화평케 하는 자로 살아가야 하겠다(마 5:9; 고후 5:17-21).

교회와 함께 살고, 교회와 함께 죽으리라

하늘의 상과 이 땅의 믿음의 유산을 바라보며 살라

"욕심이 잉태한즉 죄를 낳고 죄가 장성한즉 사망을 낳느니라(약 1:15)."는 말씀을 생각하면서 주님과 몸 된 교회를 위하여 살지 못하는 이유가 있다면 무엇인지 생각해 보고 기록해 보라. 로마서 6장 13절, 마태복음 5장 9절, 고린도후서 5장 18절을 암송해 보라.

정도를 걸어가는
목회를 하리라

다윗은

믿음의 정도를 걸어간 대표적인 인물은 다윗일 것이다. 그는 하나님의 마음에 들 정도로 삶의 정도를 걸어간 신앙인이었다(행 13:22). 다윗은 여호와의 기름부음을 받은 사울 왕의 생명을 빼앗지 않았다. 하나님이 정해 놓으신 경계선을 넘지 않은 것이다(삼상 24:10). 다윗은 하나님 앞에 온전하고 바른 마음을 가지고 살았다(왕상 9:4). 다윗은 헷 사람 우리아의 일 외에는 평생에 여호와 보시기에 정직히 행하고 하나님이 명하신 모든 일들을 어기지 않으면서 살았다(왕상 15:5). 하나님을 온전히 좇는 삶을 살았다(왕상 11:6). 이렇게 다윗은 하나님을 경외하고, 후덕한 마음을 가지고, 화평케 하는 자로, 바르고 진실하고 정직하고 온전한 신앙인의 모습으로 살았다. 그 결과 다윗 왕통을 이어가는 믿음의 명문 가정을 후손들에게 물려주었고, 메시야의 계보에 들어가는 복을 누리게 되었다(마 1장: 눅 3장).

나는

나는 교회 안에서 신앙인으로 살아가면서 다윗과 같이 정도를 걸어가는 주님의 종이 되기를 기도한다. 또한 초심의 마음을 가지고, 길이 아닌 곳은 가지도 말고, 생각지도 않는 목회를 변함없이 계속 하기를 기도한다.

> 좁은 문으로 들어가라 멸망으로 인도하는 문은 크고 그 길이 넓어 그리로 들어가는 자가 많고, 생명으로 인도하는 문은 좁고 길이 협착하여 찾는 자가 적음이라.
>
> 마 7:13-14

하늘의 상과 이 땅의 믿음의 유산을 바라보며 살라
물질과 명예와 인기 등에 연연하고 있지는 않는가(마 7:21-23)? 사람들의 마음을 얻기 위하여 발걸음이 빠르지는 않는가(삼하 15:6)? 이 세상을 나그네와 같이, 여행객과 같이 초연하게 정도를 걸어가는 삶을 살 수 있는 비결에 대하여 생각해 보고(히 11:13-16) 기록하고 실천해 보라.

○
분재신학을
꽃피우며 살리라

구원의 역사를 이루어 가시는 하나님

하나님은 에덴동산을 만드시고 단장하신 분이시다(창 2장). 또한 우리가 거할 새 하늘과 새 땅, 즉 새 예루살렘의 천국을 준비하시고 단장하시는 분이시다(계 21-22장). 이러한 하나님은 우리를 물과 성령으로 거듭나게 하시고(요 3:5), 거룩한 하나님의 자녀가 될 수 있도록(출 19:6; 레 11:45, 20:8; 겔 20:12; 요 1:12; 고전 1:2; 엡 2:8; 골 1:22, 3:12; 살전 4:7, 5:23; 살후 2:13; 딤후 2:21; 히 2:11, 3:1, 10:14, 13:12; 벧전 1:2, 15, 16, 2:5, 9, 3:15), 말할 수 없는 탄식하심으로(롬 8:26-30) 우리의 믿음과 구원의 역사를 이루어 가시는 분이시다(행 2:21, 16:31; 롬 5:8, 10, 19, 10:10, 13; 엡 2:5; 살전 5:9; 딤후 2:10; 히 1:14).

원예사가 분재를 하듯이

이렇게 구원의 역사를 이루어 가시는 하나님은 이스라엘 백성이 하나님의 기쁨이 되는 자기 백성이 되기를 원하셨다(사 43:21; 딛 2:14). 또한 하나님은 세상과 우리 모두를 하나님이 원하시는 모습으로 만들어 가시기를 원하신다(고후 5:17; 엡 2:15, 4:24; 골 3:10). 마치 원예사가 마음에 드는 나무를 골라서 원하는 대로 모양을 내기 위하여 자르고 비틀면서 한 그루의 분재를 만들어 가는 과정과도 같다.

이렇게 하나님은 세상과 우리 모두에게 관심이 많으신 창조주 하나님이시며(창 1:1) 구원자 하나님이시다(마 1:21; 눅 5:32; 요 12:47; 딤전 1:15). 이 하나님이 토기장이와 같이 이스라엘 백성을 하나님 마음에 드는 친 백성으로 만들어 가시기를 원하셨다(사 64:8; 롬 9:21). 또한 갈릴리 어부나 세리와 같이 부족하고 흠 많은 자들을 부르셔서 제자로 삼으시고 옆에 두고 함께 하는 기쁨을 나누기를 원하셨다(막 3:13-15).

새 창조의 하나님

우리는 세상을 살아가면서 자신이 원하는 대로 되지 않아 좌절과 고통 속에서 힘들어 할 때가 많이 있다. 그런데 이러한 인생 막대기와 채찍과 같은(삼하 7:14) 역경과 고난과 고통의 삶을 통하여 시편 기자와 같이(시 119:67, 71), 사도 바울과 같이(고전 15:9; 엡 3:8; 딤전 1:15), 내가 변화되어지고(고후 5:17) 세상이 변화된다(빌 3:21).

여기에서 우리가 믿는 하나님은 모든 만물을 원하시는 대로 만들어 가시는 하나님! 변화시켜 가시는 하나님! 새 하늘과 새 땅으로 이끌어 가시는 '새 창조의 하나님!'이심을 알 수 있다(계 21:2-7).

분재신학

나는 이렇게 하나님이 원하시는 대로 모든 것들을 만들어 가시는 시작과 끝이 되시는(계 22:13) 하나님의 섭리와 역사하심을 분재신학이라고 주창했다. 이러한 분재신학은 하나님이 만물을 원하시는 모습으로 만들어 가시며 하나님나라를 확장시켜 나가시는 섭리와 역사하심을 총칭하는 표현이다. 또한 하나님의 백성을 새 하늘과 새 땅 즉 새 예루살렘인 천국으로 이끌어 가시는 성화의 과정들을 의미한다.

하나님나라의 확장과 하나님나라의 친 백성의 거룩한 모습으로 만들어 가시는 하나님의 계획하심과 부르심과 역사하심과 손길이 분재신학 안에 다 함축되어 있다. 그러기에 신앙생활과 교회생활과 목양사역의 모든 것들이 다시금 분재신학적인 관점에서 이해되고 적용되어지고 실천되어져야만 할 것이다. 처음과 마지막이 되시는 하나님은 궁극적으로 새 하늘과 새 땅의 온전한 하나님나라를 완성하실 것이기 때문이다(계 21-22장). 그리고 하나님은 궁극적으로 성도들을 천국 백성으로, 왕 같은 족속으로 존귀하게 만들어 가실 것이다(벧전 2:9).

원예사가 마음에 드는 분재를 만들어 가듯이, 삼위일체 하나님께서는 당신이 원하시는 대로 만물을 새롭게 만들어 가신다. 나는 이렇게 하나님이 만물을 새롭게 만들어 가시는 마음과 손길과 역사하심에 대한 모든 것을 분재신학으로 이해했다.

> 보좌에 앉으신 이가 이르시되 보라 내가 만물을 새롭게 하노라 하시고
> 또 이르시되 이 말은 신실하고 참되니 기록하라 하시고, 또 내게 말씀하
> 시되 이루었도다 나는 알파와 오메가요 처음과 마지막이라 내가 생명수
> 샘물을 목마른 자에게 값없이 주리니, 이기는 자는 이것들을 상속으로
> 받으리라 나는 그의 하나님이 되고 그는 내 아들이 되리라.   계 21:5-7

오늘도 역사하시는 분재신학의 하나님

우리가 지금은 분명하게 우리의 주변과 삶 속에서 일어나는 일들을 온전히 이해할 수 없어도(고전 13:12) 하나님은 우리를 천국 백성으로 만들어 가시기 위하여 오늘도 역사하시고 계신다. 나는 이러한 분재신학의 하나님을 널리 알리고 분재신학을 적용해 나가는 일에 남은 생을 집중하고자 한다.

하늘의 상과 이 땅의 믿음의 유산을 바라보며 살라
하나님이 만들어 가시는 분재신학적인 자신의 인생과 삶을 돌아보면서 항상 기뻐하고,
쉬지 말고 기도하고, 범사에 감사하면서 살아가도록 하라(살전 5:15-24).

분재신학의 지평을 넓혀 가며

분재신학을 알리기 위하여

성경은 하나님의 사랑의 마음을 담은 사랑의 편지이다. 성경에서 하나님의 마음을 읽어야 하고 하나님의 사랑의 눈물을 보아야만 한다. 우리를 하나님의 친 백성으로 만드시기 위하여 노심초사하시는 하나님의 안타까운 마음을 느낄 수 있어야만 한다. 이러한 하나님의 마음과 손길을 읽어가고 느끼고 이루어가는 것이 분재신학이다. 자신이 자신의 인생을 돌아볼 때 큰 나무와 같이 생각되는 인생이든, 작은 분재와 같이 생각되는 인생이든 하나님 앞에서는 다 같이 한 그루의 분재와 같은 인생이다. 자신의 인생을 자기 마음대로 살아갈 수 있는 사람은 한 사람도 없다. 모두가 다 하나님의 계획하심과 섭리와 역사 속에서 은혜로 살아가는 인생이다 하나님은 성도들이 하나님이 원하시는 모습으로 변화되어 영원한 천국에서 하나님과 함께 영생복락의 삶을 누리기를 원하신다.

이러한 하나님의 계획하심과 섭리와 역사를 분재신학으로 함축하여 이해했다. 이렇게 분재신학은 하나님이 만들어 가시는 세상과 우리 모두를 다 포함하여 역사하시는 하나님의 마음과 손길을 보여 주고 이루어 가는 것이다. 이러한 분재신학을 세상에 널리 알리고, 이러한 분재신학으로 세상과 교회와 성도들을 하나님이 기뻐하시고 원하시는 모습으로 만들어 가고 세워 가는데 남은 생을 집중하고자 한다. 성도들을 제자와 리더로 만들어 가는 훈련과 바른 분재신학적인 안목을 가지고 건강하고 복된 목회와 교회를 세워 나가는 데 일익을 감당하고자 한다.

분재신학적인 삶, 신앙, 교회, 목회 이야기

이 책에서 논하고 있는 분재신학적인 관점에서의 삶과 신앙과 교회와 목회적인 이야기는 성도들의 신앙생활에 대한 영적인 가르침, 큐티, 일대일양육, 제자훈련, 직분자 및 권찰교육, 목회실습, 새벽기도 및 설교, 전도 및 임직자 선물용 책자 등으로 다양한 분야에서 다양하게 활용될 수 있을 것이다.

책을 내게 된 동력

"인생은 60부터!"라고 격려하는 자녀들로부터 용기와 도전을 받아 이 글을 쓰게 된 것에 대하여 감사한다. 하나님이 선물로 주신 사랑하는 '은혜, 지혜, 충만'이에게 아버지로서 다하지 못한 관심과 사랑에 미안함과 잘 성장해 준 것에 대한 고마움과 감사와 축복의 마음을 전한다.

자녀들이 회갑을 맞은 나에게 이런 말을 했다.

"아버지, 복된교회 빚이 얼마나 남았어요?"

나는 생각 없이 대답을 했다.

"지금까지 많이 갚았고, 이제 한 이억 칠천 칠백 정도 남았지."

내 말을 들은 자녀들은 한 목소리로 나에게 거침없이 말했다.

"아버지, 이제 은퇴가 10년 남으셨는데, 그동안 책을 많이 써서 복된교회의 빚을 다 갚고 은퇴하도록 하세요."

기가 막힌 말이었다. 무명의 주님의 종에게는 그저 기적적인 희망사항의 말로 밖에는 들리지를 않았다. 그러나 나는 용기를 내어 몇 년 전부터 준비해 오던 글을 지금부터라도 다듬고 정리를 해서 책으로 내 보기로 작정을 하고 실행에 옮겼다.

이 책에는 몇 년 전부터 틈틈이 일간지 「국민일보」에 기고한 글도 일부 편집하여 수록했다. 그리고 근래에는 「국민21」이라는 월간지에 기고한 글도 일부 편집하여 수록했다. 또한 목회적인 이야기는 나의 박사학위 논문 "평신도사역 구비를 통한 선교 지향적 교회 만들기"의 핵심적인 부분의 내용을 일부 편집하여 수록했다. 그 외에는 다시금 새로운 글을 써서 보충하여 수록했다.

목회 사역에서의 감사

나는 복된교회를 개척하여 힘든 부분도 많았지만 감사하게 생각하는 것들이 있다. 대부분의 주님의 종들과 성도들이 힘써 헌금생활을 하지만 특별히 개척 교회를 섬기고 있는 주님의 종들과 성도들은 힘써 헌금생활을 한다. 그래야 교회가 세워지기 때문이다. 복된교회의 매년 예산은 일억 사천만 원 정도가 된다. 그중에서 우리 가정이 거의 칠분의 일 정도를 감당하고 있다. 자녀들의 십일조가 반은 차지한다. 개척 교회 목사와 가정이 아니고는 이런 호사를 누릴 수는 없을 것이다. 우리 복된교회에는 이렇게 힘쓰고 애쓰는 가정들이 많이 있다. 진심으로 감사를 드리며 축복한다.

두 번째는 지금까지 목회를 하고 살아오면서 누구에게나 어떤 교회에도 도움을 요청하지 않고 오히려 없는 가운데서도 돕고 선교하면서 살려고 최선을 다했다는 것이다. 나는 인간적이고 세상적인 방법으로 쉽고 빠르게 목회를 하면서 살아가기 보다는 더디고 답답하더라도 하나님을 의지하고 하나님이 하시는 일을 목도하면서 정도를 걸어가는 목회를 하려고 힘썼다. 나의 하나님, 나의 아버지에게 기도하고 의지하면서 영광을 돌리고 싶었기에 그 어떤 교회나 지인들에게도 도움을 요청하지 않은 것이다. 오로지 교회 안에서 목회만 하면서 외부적으로 못다 한 물질적인 부분들을 우리 가정이 책임이라도 져야한다는 각오로 지금까지 살아왔고 목회를 해 온 것이다. 성도들에게 이 자리를 빌려 미안한 마음을 전한다. 무능하고 융통성이 없는 미련하고 못난 주님의 종을 용서하기 바란다. 나는 지금도 아브라함이 창세기 14장 17-24절에서 고백한 말을 나의 고백으로 하나님께 드리면서 살아가고 있고 목회를 하고 있다.

아브람이 그돌라오멜과 그와 함께 한 왕들을 쳐부수고 돌아올 때에 소돔 왕이 사웨 골짜기 곧 왕의 골짜기로 나와 그를 영접했고, 살렘 왕 멜기세덱이 떡과 포도주를 가지고 나왔으니 그는 지극히 높으신 하나님의 제사장이었더라. 그가 아브람에게 축복하여 이르되 천지의 주재이시요 지극히 높으신 하나님이여 아브람에게 복을 주옵소서. 너희 대적을 네 손에 붙이신 지극히 높으신 하나님을 찬송할지로다 하매 아브람이 그 얻은 것에서 십분의 일을 멜기세덱에게 주었더라. 소돔 왕이 아브람에게 이르되 사람은 내게 보내고 물품은 네가 가지라. 아브람이 소돔 왕에게 이르되 천지의 주재이시요 지극히 높으신 하나님 여호와께 내가 손을 들어 맹세하노니, 네 말이 내가 아브람으로 치부하게 했다 할까 하여 네게 속한 것은 실 한 오라기나 들메끈 한 가닥도 내가 가지지 아니하리라. 오직 젊은이들이 먹은 것과 나와 동행한 아넬과 에스골과 마므레의 분깃을 제할지니 그들이 그 분깃을 가질 것이니라.

첫 열매를 하나님께

우리 가족들은 첫 열매를 하나님께 드리는 것을 소중하게 생각하면서 살아왔다. 그래서 모두가 다 새로운 삶의 터전으로 옮길 때마다 그곳에서의 첫 달의 수입은 하나님께 온전히 드렸다. 나는 목회를 하면서도 이러한 첫 열매의 신앙을 실천하면서 강조했다. 한 달의 첫 주간을, 한 주간의 첫 월요일을 하나님께 구별하여 드릴 것을 성도들에게도 강조했다.

나는 이번에 처음으로 『한 그루의 분재가 되어』라는 책을 출간하게 되었다. 60 평생의 나의 삶과 신앙과 교회생활과 목회와 신학과 인생관이 녹아 있는 총체적인 내용의 책이다. 또한 세상에서 처음으로 삶과 신앙과 교회와 목회 안에서 섭리하시고 역사하시는 분재신학의 하나님을 주창하는 대 서사시와도 같은 책이다. 이렇게 60평생의 모든 것들을 종합한 내 분신과도 같은 이 책 또한 하나님 앞에서 첫 열매인 것은 두말할 필요도 없다. 그래서 이 책을 하나님과 복된 교회 앞에 첫 열매로 드리기로 했다. 이 책으로 인하여 발생되는 모든 격려금, 축하금, 판매대금, 인세, 후원금 등은 복된교회의 남은 빚을 갚는데 사용하게 될 것이다.

모든 분들께 감사

이 책이 나오기까지 변함없이 기도하고 격려하고 기다려 준 복된교회 성도님들에게 감사를 드린다. 특별히 나와 함께 생사고락을 같이 해 온 귀한 권사님들에게 진심으로 감사를 드린다. 나의 인생과 목회의 동반자인 권사님들의 사랑과 은혜는 잊을 수가 없다. 또한 심혈을 기울여 수도 없이 내용을 살피고 조언해 주신 박용화 목사님, 자상하신 원성삼 사장님과 편집을 담당한 김지혜 팀장을 비롯한 예영커뮤니케이션 모든 직원 분들께 심심한 감사를 드린다. 마지막으로 지금까지 36년 동안이나 변변치 못한 남편을 변함없이 믿어 주고 따라 준 인생의 동반자 사랑하는 아내에게도 감사의 마음을 표하며 다음에 두 번째로 나오는 책은 선물로 드릴 것을 약속한다.

나의 길을 가리라

이 책의 글을 쓰고 읽고 다듬을 때마다 그렇게 눈물을 많이 흘렸다. 왜 그렇게 하염없이 눈물이 흐르는 지 어떤 때에는 목양실에서 소리 내어 울기도 했다. 어떤 때에는 소리 없이 눈물을 흘리면서 하

염없이 흐느끼기도 했다. 부모님이 돌아가셨을 때에도 이렇게까지
울어보지는 않았던 것 같다.

다윗이 흘렸던 눈물이 바로 이런 눈물이었을까?

나의 유리함을 주께서 계수하셨사오니 나의 눈물을 주의 병에 담으소서
이것이 주의 책에 기록되지 아니했나이까.   시 56:8

아니면 바울이 흘렸던 눈물이 이런 눈물이었을까?

내가 마음에 큰 눌림과 걱정이 있어 많은 눈물로 너희에게 썼노니 이는
너희로 근심하게 하려 한 것이 아니요 오직 내가 너희를 향하여 넘치는
사랑이 있음을 너희로 알게 하려 함이라.   고후 2:4

주님!
홀로 걸어가는 외롭고 쓸쓸한 길이라 하더라도 주님을 바라보며
세상이 감당치 못하는 믿음으로, 주님이 보실 때 착하고 충성스러운
종의 모습으로 남은 생을 살아가게 하소서!

좁은 문으로 들어가라 멸망으로 인도하는 문은 크고 그 길이 넓어 그리
로 들어가는 자가 많고, 생명으로 인도하는 문은 좁고 길이 협착하여 찾
는 자가 적음이라.   마 7:13-14

아멘!

                                        2017년 정유년 성탄의 절기에

                                                    채수용

한 그루의 분재가 되어
출처: 네이버 큐알코드